KB199894

복음이 바꾼다

복음이 바꾼다

지은이 | 매트 챈들러, 마이클 스네처
옮긴이 | 정성묵
초판 발행 | 2014. 8. 11
등록번호 | 제3-203호
등록된 곳 | 서울시 용산구 서빙고로 65길 38
발행처 | 사단법인 두란노서원
영업부 | 2078-3333 FAX | 080-749-3705
출판부 | 2078-3332

책값은 뒤표지에 있습니다.
ISBN 978-89-531-2070-9 03230

독자의 의견을 기다립니다.
tpress@duranno.com http://www.duranno.com

두란노서원은 바울 사도가 3차 전도 여행 때 에베소에서 성령 받은 제자들을 따로 세워 하나님의 말씀으로 양육
하던 장소입니다. 사도행전 19장 8 - 20절의 정신에 따라 첫째 목회자를 돕는 사역과 평신도를 훈련시키는 사역,
둘째 세계선교(TIM)와 문서선교(단행본 · 잡지) 사역, 셋째 예수문화 및 경배와 찬양 사역, 그리고 가정 · 상담 사역 등을
감당하고 있습니다. 1980년 12월 22일에 창립된 두란노서원은 주님 오실 때까지 이 사역들을 계속할 것입니다.

복음이 바꾼다

매트 챈들러, 마이클 스네처 지음
정성묵 옮김

두란노

두려움과 수치, 중독, 종교의 속박에서 해방된
수많은 빌리지교회 성도들에게 이 책을 바칩니다.
여러분이 그리스도 안에서 죄를 이겨 내고 생명을 찾는 모습을 볼 때마다
더없이 기뻤고, 그때마다 저도 오직 그리스도 안에서만 발견되는
구속을 계속해서 추구하기로 새롭게 마음을 먹었습니다.
사랑합니다.

매트 챈들러

자기 스타일을 버리고 복음의 스타일을 따라간
모든 분들에게 이 책을 바칩니다.
계속해서 그리고 끝까지 복음의 길을 걷기를 축복합니다.

마이클 스네처

차 례

프롤로그.

가짜 신앙

누구에게나 이런 경험이 있을 것이다. 라디오에서 또 '그 노래'가 흘러나온다. 이번에도 역시 한 소절이 채 끝나기 전에 주파수를 돌려 버린다. 매번 느끼는 거지만 영 내 취향이 아니다.

그런데 어느 날 어디선가 또 그 노래가 들려온다. 레스토랑 안뜰이나 해변 저편 혹은 신호에 걸렸을 때 누군가의 차에서 십여 초간 들려오는 노랫소리. 그런데 막상 들어 보니 생각보다 괜찮다. 아니, 괜찮은 정도가 아니라 어딘가 마음을 찡하게 울리는 데가 있다. 특히 가사가 마음에 와 닿는다. 이 작사가, 의외로 물건이다. 그 전까지는 듣자마자 꺼 버렸는데, 분위기와 장르, 어느 것 하나 마음에 들지 않았는데, 심지어 내 주변에는 이런 음악을 듣는 사람이 없는데. 하지만 찬찬히 들어 보니, 작사가가 뭘 말하려는지 제대로 알고 보니, 나도 모르게 따라서 흥얼거리고 있다.

바로 이런 종류의 노래, 이것이 내가 지금부터 당신에게 불러 주려는 노래다. 뭐, 전혀 새로운 노래는 아니다. 구속(redemption)의 노래. 복음의 노래.

알다시피 이 노래는 오래전부터 늘 당신 주변에서 들려왔다. 하지만 당신은 아무런 관심도 없었다. 그러다가 이 노래가 기가 막힌 타이밍에 들려온 순간, 갑자기 노랫말이 당신 안으로 정신없이 빨려들어 왔다. 전혀 새롭지 않은 노래, 수많은 가수가 지겹도록 부르던 노래, 너무 많이 들어서 이젠 정말 지긋지긋한 노래였는데. 어느 순간 갑자기, 그 노래가 새롭게 들린다. 아니, 새로운 정도가 아니라 이렇게 아름다운 노래였던가? 이렇게 완벽한 화음인지 왜 미처 몰랐을까?

이 복음의 노래가 당신을 사로잡을 수 있다. 이 노래가 당신을 '다시' 사로잡을 수 있다. 둘 중 어떤 경우인지는 중요하지 않다. 어떤 경우든 이 구속의 노래가 당신의 마음속을 파고들 수 있다. 당신을 변화시킬 수 있다.

혹시 청소년 시절, 아니 그보다 더 어린 나이에 복음의 노래를 처음 접했는가? 우리는 어릴 적에 이 노래를 듣고 그 아름다운 노랫말에 흠뻑 빠져들었다. 가슴이 두근거렸다. 온몸이 전율했다. 그 노래를 처음 들었던 순간을 평생 잊지 못하리라. 그 순간, 어디서 무엇을 하고 있었는지 똑똑히 기억난다. 그 가슴 떨리는 느낌이 지금도 바로 어제 일처럼 생생하다. 그 노래에 처음 '진정으로' 귀를 쫑긋했던 순간, 도대체 왜 이리 마음이 끌리는지 확인하기 위해서 하던 일을 모두 멈췄던 순간이 말이다.

아니면 좀 더 철이 들어야 했는가? 부모가 되고 나서야 깨달았는가? 철없던 시절부터 들어 오던 요란스러운 음악에 흥미를 잃고 나서야 그 노래의 진가를 알아봤는가? 어른이 되고 나서야 복음에 뭔가 시대를 초월한 진짜배기가 있다는 것을 느꼈다. 복음이 당신을 사로잡았다! 마침내 복음이 당신의 삶을 변화시켰다. 그때부터 정말 살맛이 났다.

내 짐작이 맞다면, 당신의 삶과 복음이 늘 평행선을 그리지는 않았을 것이다. 서로 불협화음을 이루던 때가 하루 이틀이 아니었을 테지만, 성령의 감동으로 죄를 절실히 깨닫고 쏟아지는 눈물에 휴지 한 통을 다 사용한 날도 분명 있었을 것이다. 하지만 뜨거운 열기는 가라앉은 지 오래다. 물론 가끔 인생의 풍파를 만나 무너진 뒤에는 이제 진짜 신앙생활을 잘하겠다고 결단하고 이것저것에 열심을 낸다(하나님이 그 행동 하나하나를 눈여겨보시며 점수를 기록하고 계신다고 굳게 믿는다). 그러나 연약한 인간의 의지로는 그래 봐야 잠시뿐이다. 게다가 그것은 억지로 노력하는 것일 뿐 자유나 승리의 느낌과는 거리가 멀다. 그리고 언제나 그렇듯 또다시 곁길로 빠지면 예전과 똑같은 죄책감이 밀려든다.

풀릴 듯 풀리지 않는 이 비밀, 정말 진저리가 난다.

예수님을 믿고 나면 변해야 하는 건 확실하다. 실제로 변하기도 했다. 하지만 아직도 변해야 할 게 산더미다. 습관의 변화, 일상의 변화, 선택의 변화라는 건 정말 해도 해도 끝이 없다. 또한 지독한 자괴감을 안겨 주는 행동, 다시는 되풀이하고 싶지 않은 행동이 한두 가지가 아니다.

반복해서 실패했을 때는 대응방식도 바꿔야 한다. 아울러 죄책감과 수치심을 털어 내기 위한 방법도 바꿔야 한다. 각별히 조심하겠다고 그토록 다짐했건만 다시 튀어나온 못된 행동. 그 지긋지긋한 행동의 유발 요인을 어떻게 제거할까?

친구들을 갈아치운다. 일하는 습관도 바꾼다. 이전까지 시도하지 않았던 새로운 변화를 시도한다. '이런 변화가 쌓이고 쌓이면

마침내 만족할 만한 수준에 이르겠지?'

하지만 자신의 모습을 돌아보면 실제로 변한 건 별로 없다. 그래서 답답하다. 지금쯤은 어느 정도 변했어야 정상이 아닌가?

자신의 기대 수준과 현실이 계속해서 어긋나는 답답한 상황 속에서, 당신은 자신의 생각과 경험을 여기저기서 주워들은 것과 적절히 뒤섞어 제멋대로 가짜 복음을 만들어 내기 시작한다. 복음의 분위기를 풍기는 새 음반을 내놓는다. 그렇지만 애석하게도 거기에 복음의 진리는 별로 들어 있지 않다.

혹시 다음과 같은 상황이 내 얘기 같지 않은가?

처음에는 불같이 시작한다. 담대함으로, 확신에 차서, 열정적으로! 예수님이 나를 사랑하신단다. 그분이 나를 위해 죽으시고, 나를 용서하셨단다. 이 얼마나 좋은 소식인가. 이 복음에 마음이 한없이 뜨거워진다.

그런데 언제부터인가 조금씩 부담감이 느껴진다. 그래서 조금씩 속도를 낸다. 억지로 노력하기 시작한다. 그저 들려오는 노래에 귀를 열면 되는 것을, 그저 노래에 몸을 실으면 되는 것을, 그저 밴드에 들어갔다는 사실에 감사하면 되는 것을. 그러지 못하고 조바심을 낸다. 생각이 많아진다. 자꾸 분석을 한다. 그래서 정확한 음을 낼 때가 꽤 많지만, 언제부터인가 핵심을 놓친다. 그저 함께 연주한다는 사실 자체에서 순수한 즐거움을 느끼지 못한다.

오래지 않아 모든 것이 불쾌하고 불만족스럽게 변해 버린다. 당신만 즐겁지 않은 게 아니라, 당신의 음악을 듣는 모든 이가 눈

살을 찌푸린다. 조금씩 회의가 생긴다. '뭣 하는 짓인가? 기껏 좌절감과 불만족이나 느끼자고 이 고생을 한 건가?'

선해지기 위해 너무 많은 애를 써야 한다는 것이 화가 난다. 하지만 선해지기 위해 노력하지 않으면 당신이 그토록 좋아하는 인정과 평판을 포기해야만 한다. 그렇게 되면 더 화가 날 게 뻔하다.

그래서 더욱 박차를 가한다. 죽을힘을 다해 달린다. 당신의 짐만이 아니라 남들의 짐까지 다 떠안는다. 그렇게 해서라도 멋진 음악을 만들어 내야 한다. 하지만 그렇게 해서 당신이 이룬 것은 기껏해야 열정을 성과로 바꿔 놓은 것뿐이다. 언제부터인가 성장이 목표가 되어 버렸다. 그래도 당신은 이 목표를 계속해서 쫓아간다. 늘 개선을 위한 계획을 세우지만, 개선하고 또 개선해도 성에 차지 않는다. 그건, 실제로 만족스러울 만큼 선해지지 않았기 때문이다. 아무리 애를 써도 늘 머릿속에 그려 왔던 노래가 나오질 않는다.

이 가짜 신앙은 '헛수고' 신앙이다. 하나님이 당신을 사랑하시고 기뻐하신다고 얼마나 수없이 말씀하셨는가? 하나님이 당신의 죄를 용서하시고 그분의 가족으로 받아 주셨다고 강조하고 또 강조하시지 않았는가? 그런데도 당신은 노력으로 의를 얻을 필요가 없다는 사실을 도통 받아들이질 못한다. 그래서 당신이 그토록 고생한 것이다. 그분에게 칭찬을 받기 위해서, 그분께 점수를 따기 위해서, 그분의 은혜가 미치지 못하는 부분을 처리하기 위해서. 하지만 아무리 애를 써도 진전이 없어 보인다. 하나님의 눈에 드는 것은 불가능해 보인다.

이것은 복음이 아니다.

결국, 당신은 자포자기에 이른다. 의욕을 잃어버린다. 그래서 좋은 신앙인들이 하지 않는 행동, 즉 당신 자신도 하고 싶지 않은 행동을 하기 시작한다. 마음은 그렇지 않은데 자꾸만 옛 행동으로 돌아간다. 가끔 합창으로 돌아와 멋진 화음을 이뤄 내기도 하지만, 이내 자신도 모르게 옛 악보를 다시 꺼내 마구 음 이탈을 일으킨다.

당신은 실패작이다. 인정하기 싫지만 사실이다. 두 번째 기회(세 번째 기회, 네 번째 기회 혹은 백 번째 기회)를 받았지만 또다시 망쳐 버렸다. 하나님이 겉모습만 보면 당신을 구원해 주실지 모르지만 만약 최근에 당신이 남몰래 저지른 짓을 아신다면 그래도 그분이 구원해 주실까? 가족들과 교인들이 가면 뒤에 숨은 당신의 진짜 얼굴을 알게 된다면, 이런 형편없는 가수를 그 누가 사랑할 수 있을까?

당신은 진짜 모습이 드러날까 봐 몹시 두렵다. 하나님이 불신자들을 죄에서 구해 주신다는 건 분명히 믿는다. 하지만 믿지 않는 자들이 그분의 백성이 된 뒤에도(그리고 그들이 당신과 같은 짓을 저지른 뒤에도) 계속해서 구원해 주실지는 미지수다.

이것도 역시 복음이 아니다.

점점 더 인기를 얻고 있는 '스파이' 신앙도 마찬가지다. 이것은 기독교를 사적인 차원으로만 이해하는 입장이다. 개인적인 확신만 있으면 그만이라고 믿는 사람은 가끔 집에서 오디오로 혹은 조깅하면서 이어폰으로 찬송가를 듣지만 남들이 보는 앞에서는 절대 티를 내지 않는다.

또 다른 종류의 가짜 신앙도 있다. 자신의 생각이 곧 하나님의 생각이라고 믿는 사람들이 있다. 진리에 관해 자신이 하나님보다 더 잘 안다고 믿는 사람들, 자신이 하나님 말씀을 하나님보다도 더 잘 해석할 수 있다고 믿는 사람들. 한마디로, 그들은 자신이 곧 하나님인 것처럼 군다. 그리고 이 외에도 가짜 신앙은 수없이 많다.

다시 들어야 할 복음 중의 복음

여태껏 이런 싸구려 가짜 노래를 불러 왔는가? 솔직히, 이런 노래를 한 번도 불러 보지 않은 사람이 세상에 과연 있을까? 그렇다면 당신이 꼭 들어야 할 노래가 있다. 아니, 우리 모두가 귀에 못이 박히도록 들어야 할 노래가 있다.

그것은 바로 복음의 노래다.

* 하나님의 주권적인 사랑. 우리 자신보다 큰 사랑. 아니, 세상 그 무엇보다도 큰 사랑.
* 전에도, 지금도, 앞으로도 스스로를 변화시킬 수 없는

우리의 무능력.

* 우리가 그리스도 안에서 회복되었고 매일같이 회복되고 있다는 깊은 확신.

* 종이 아니라 자녀로서의 삶. A학점을 받기 위한 노력이 아니라 은혜 안에서 자라가는 것.

이것이 진짜 복음이다.

우리는 많은 복을 받기를 원한다. 여태껏 한 번도 경험해 보지 못한 새로운 차원의 기쁨과 자유를 원한다. 하나님이 예수 그리스도 안에서 우리를 온전히 받아 주시기를 원한다. 새로운 열정으로 주님을 섬기기를 원한다. 타락한 인간으로서 계속해서 죄를 지을 수밖에 없으니 끝없는 용서를 원한다.

그리고 진정한 변화를 원한다.

'구속의 회복'이 바로 그 열쇠다.

지금까지 당신이 복음에 어떤 식으로 접근해 왔는지는 모르겠다. 혹시, 복음을 아예 믿지 않고 있는가? 호기심에 복음 주변을 기웃거린 적은 많지만 아직까지 복음이 사람들의 말처럼 대단한지는 잘 모르겠는가? 기껏해야 수많은 종교적 노래 가운데 하나처럼 보일 뿐인가? 약간씩 섭취하는 것까지는 괜찮지만 다량 섭취는 사양하고 싶은가? 케케묵은 옛 노래처럼 들리는가? 언젠가는 좋아하게 될지도 모르겠지만 지금 당장은 별로 감흥이 일지 않는가? 특히, 이 노래를 밥 먹듯이 부르고 다니는 사람들을 보면 정나미가 뚝 떨어지는가?

그에 상관없이 이 책은 바로 당신을 위한 책이다. 당신이 무슨 이유로 이 책 앞까지 왔는지는 모르겠지만 궁극적으로는 하나님이 이곳으로 인도하신 것이다. 비록 지금은 어둠 속을 헤메고 있지만 하나님이 은혜 안에서 당신을 만나 주셨던 순간을 생생하게 기억하고 있는가? 아니면, 복음이니 하는 것을 믿지 않고 믿을 생각도 없는가? 어떤 경우든 이 책을 읽기를 잘했다는 생각이 들 것이다.

우리와 함께 인간의 죄가 얼마나 큰 비극인지, 그리고 그에 반해 하나님의 구속하시는 은혜는 얼마나 아름답고 영광스러운지를 탐구해 보지 않겠는가? 우리와 함께 여행하는 이 시간이 어떤 이들에게는 신선한 경험이 되고, 어떤 이들에게는 깨달음을 얻는 시간이 될 것이다. 그리고 모든 이에게 구속의 시간이 될 것이라 확신한다.

PART 1

정말 이렇게밖에
살 수 없는 건가?

실망감의 바다에서
표류하다

복음에 대한 이해는
하나님의 말씀이 시작되는 곳,
즉 흠 없는 창조의 영광
그 한복판에서부터 시작되어야 한다.

이 세상이 망가졌다.

형사, 사회복지사, 고아원 원장에게 물어보라. 또 암 전문의에게 물어보라. 그들은 인간 사회와 인간이라는 존재가 얼마나 망가졌는지를 매일같이 목격하고 있다. 인터넷상에서 초등학생을 꾀는 성범죄자들, 자살을 시도하는 청소년들, 상처로 얼룩진 가정, 천하의 사기꾼들, 질병과 죽음. 정말이지 끔찍한 세상이다.

주변에 이런 일을 하는 사람이 한 명도 없다면, 교회에 가서 목사에게 물어보라. 경찰관과 소방관, 119 구조대원 다음으로 목사들이 응급 현장에 가장 먼저 도착하기 때문이다.

우리(매트 챈들러와 마이클 스네처)는 오열이 터져 나오는 현장에 자주 찾아간다. 손도 대지 못할 만큼 고통이 심각한 곳에 가면 그저 가만히 앉아서 사람들을 부둥켜안고 함께 울어 주는 것 외에 달리 해 줄 것이 없다.

우리는 마약 중독, 자동차 추돌 사고, 감옥을 비롯한 온갖 어두운 현실을 수없이 목격했다. 실직한 가장들, 순결을 잃은 십대 여자아이들, 알거지로 전락한 가족들, 심지어 당장 다음 끼니를 어디서 해결해야 할지, 오늘 밤 어디서 묵어야 할지가 걱정인 사람들이 수없이 우리를 찾아와 눈물을 쏟았다. 시간이 더 있다면 이 어두운 현실을 밤새도록 나열해 줄 수도 있다.

그런데 세상은 소수의 사람들 앞에서만 무너져 내리고 있는 게 아니다. 우리 모두가 매일같이 망가진 세상의 현실을 목도하고 있다. 잊을 만하면 총기 난사 사건, 아동 유괴, 태풍, 지진, 선박의 침몰, 테러가 일어난다. 물론 뉴스 방송 팀이 짐을 꾸려 재난 현장에서 떠나고 나면 충분히 안전한 거리에 떨어져 있는 우리는 점차 이 세상의 뼈아픈 현실을 잊고 살아간다. 하지만 현실은 또다시 우리를 강타하기 마련이다. 그럴 때마다 우리는 우리가 슬픔과 절망의 바다 한복판에 있다는 사실을 새삼 절감한다. 충격적인 뉴스 속보, 주변 사람이 갑자기 죽었다는 전화 연락…. 환상지통 (phantom pain: 이미 절단해서 상실한 팔다리가 아직 있는 것처럼 느끼고 그곳에 통증을 느끼는 것을 말한다-편집자)은 고통이 코앞에 있다는 사실을 끊임없이 일깨워 준다.

예기치 못한 극도의 고통만 이 세상의 망가진 현실을 일깨워 주는 건 아니다. 오히려 마음 깊은 곳의 왠지 모를 답답함이야말로 이 현실을 가장 생생하게 상기시켜 준다. 아무리 기쁜 일이 생겨도 마음속이 완전히 만족스럽지는 않다. 주말과 휴가가 찾아오면 잠깐이나마 행복을 느끼지만, 그 행복은 말 그대로 잠깐이다. 대형 공연장으로 음악회를 보러 가는 날이면 기분이 한껏 들뜨지만, 공연이 끝나고 나면 악단은 짐을 싸서 다른 도시로 가 버린다. 또 종료 휘슬 직전의 역전골은 짜릿하기 그지없다. 환호성이 터져 나오고 너도나도 방방 뛰며 얼싸안는다. 그러나 경기가 끝나 집으로 돌아오면 기쁨은 점차 사라지고 내일 다시 출근해야 한다는 생각에 얼굴이 잔뜩 찌푸려진다.

아무리 긍정적인 사람이라도 삶의 무게에 눌리다 보면 점점 현실적으로 변해 가기 마련이다. 또 매일같이 예기치 못한 고난과 갈등의 침입을 받다 보면 우리는 점점 녹초가 되어 간다. 늘 맡기 싫은 책임을 맡아야 하고, 지난 실수를 만회해야 하고, 밀린 스케줄을 처리해야 하니 여간 피곤한 게 아니다. 우리를 낙심시키려는 영적 전함들을 항구에서 모조리 쓸어 버릴 수는 없다. 쳐다보지 않으려고 해도 신문 일면을 장식한 끔찍한 사진들이 눈에 들어온다. 바쁜 일상과 스마트폰이라는 솜으로 귀를 틀어막아도 세상의 음울한 소리들이 자꾸만 비집고 들어온다.

이보다 '더' 화가 나고 답답한 것은 그렇지 않아도 오염된 세상을 우리가 자신의 더러운 죄로 더 더럽히고 있다는 것이다. 개중에는 수년이 지나도록 고치지 못한 나쁜 습관도 많다. 물론 스스로도 지긋지긋해서 가끔씩 호수 위에 둥둥 떠다니는 쓰레기들을 건져 올리기도 한다. 우리 몸에 깊이 뿌리내린 죄를 뽑아내려고 애를 쓰는 것이다. 하지만 깨끗해진 물이 다시 썩은 내를 풍기는 건 시간문제다. 다른 죄까지 추가로 짓지는 않더라도 얼마 있지 않아 똑같은 실수를 되풀이한다.

무슨 말이냐면, 우리가 끊임없는 위험 속에서 살고 있지는 않더라도 끊임없는 실망감 속에서 살고 있다는 것이다. 끊임없이 우리 자신에게 실망하고, 남들에게 실망하고, 인류 전체에게 실망한다. 그래서 답답하다. '정말 이렇게밖에 살 수 없는 건가? 세상은 이럴 수밖에 없는 건가?'

잠깐, 이 답답함은 단순한 기분 탓이 아니다. 더 나은 뭔가에 대한 이 갈망은 바로 우리의 창조주 하나님이 불어넣으신 것이다. 사실, 이 실망감은 우리를 지으신 분의 선물이다. 정히 원한다면 수면제와 자극적인 소재의 드라마로 이 갈망을 잠재워 보라. 하지만 그것은 우리 안에서 타올라야 '마땅한' 불을 끄려는 어리석은 행동이다. 우리는 망가진 이 세상과 우리 자신을 보고서 둘 다 정상이 아니라는 사실을 절실히 깨달아야 한다.

우리가 매일 보고 느끼는 세상의 나쁜 부분들도 망가진 것을 회복하기 위한 하나님의 계획 속에서 중요한 역할을 하고 있다. 물론 금방 잊어버리긴 하지만 우리는 그런 부분들을 보며 어두운 현실을 새삼 느끼고 온전한 세상을 갈망한다. 다시 말해, 하나님은 우리를 더 온전한 진리의 우주로 이끌기 위한 자극제로 이런 부분들을 사용하신다.

나쁜 소식은 좋은 소식을 더욱 빛내 주는 배경막이다.

그러니 어둠이 있으라.

그리고 빛이 있으라.

태초, 완벽히 평화로웠던 그때

창세기 1장. 하나님이 천지를 창조하셨다. 그렇게 창조된 세상은 하나님이 보시기에 좋았다.

우주의 삼위일체 하나님 곧 성부와 성자, 성령은 서로에게 완벽히 만족하는 가운데 영원히 존재하신다. 그분이 무한한 사랑을 창조의 화폭에 쏟아서 만물을 그리셨다.

사실, 굳이 그럴 필요는 없었다. 하나님께는 우리가 전혀 필요하지 않았다. 하나님은 따분해서 우리를 창조하신 게 아니다. 이야기할 상대나 어울릴 상대가 필요했던 게 전혀 아니다. 삼위일체 하나님은 그분의 온전하심과 완벽한 우정을 축하하기 위해 강력한 말씀으로 만물의 창조를 완성하셨다. 그리고 그렇게 창조된 피조 세계는 하나님이 보시기에 '좋았다.'

하지만 최초의 세상은 단순히 좋다는 표현만으로는 부족할 만큼 아름다운 세상이었다. 구약 원문으로 창조의 역사를 읽어 보면 반복으로 하나의 운율을 이루고 있다. '하나님이 창조하셨다, 하나님이 창조하셨다, 하나님이 창조하셨다, 보시기에 좋았더라.'

삼위일체의 완벽한 연합을 닮은 아름다운 조화가 우주 전체로 퍼져 나갔다. 가장 큰 것에서 가장 작고 신비로운 것까지 완벽히 어우러져 끝없이 광대하면서도 더없이 일관된 우주를 만들어 냈다.

평화.

하나님의 세상은 완벽히 평화로웠다.

하나님은 이 아름다운 창조의 악보에 시기적절한 쉼표를 찍으셨다. 의도적인 쉼. 음악을 멈춘 게 아니라 침묵으로 음악의 아름다움을 강조한 것이다. 음표 사이에 쉼표를 끼워 넣음으로써 작품의 완성도를 높인 것이다.

완벽한 평화, 완벽한 조화.

한번 상상해 보라. 바로 여기에 그런 평화와 조화가 가득했다. 바로 이 푸른 행성 위에. 노총각이 지친 하루를 마치고 집에 돌아와 적막한 방 안에서 샌드위치와 음료수 한 잔으로 끼니를 해결하는 이 외로운 땅에, 주정뱅이가 진탕 술을 퍼마시고 밤새 토하는 이 어지러운 땅에, 너도 나도 성적인 의미가 담긴 욕을 해대는 이 음란한 땅에, 한창 아이들에게 돈이 들어가는 와중에 실직하는 이 황당한 땅에.

'정말 이건 아니야. 이건 뭔가 잘못됐어.'

두말하면 잔소리다. 하지만 그거 아는가? 그런 답답함이 전혀 없던 시절이 있었다. 그때는 그 어떤 것도 죽지 않았다. 불길하거나 불안한 것은 하나도 없었다. 뭔가가 새거나 늦거나 지나치거나 힘들다는 개념 자체가 없었다. 하나님은 완벽하셨고 피조물도 완벽했다. 그야말로 모든 것이 완벽했다. 무한한 자유의 삶이 있었다. 인류와 하나님 사이에 일말의 거리낌도 없는 교제가 있었다. 그때는 그랬다. 하나님은 세상을 그렇게 창조하셨다.

물론 최초의 남녀도 하나님을 필요로 했다. 하지만 우리처럼 죄로 타락했기 때문에 하나님이 필요했던 건 아니다. 그들은 단지 인간이라는 이유로 하나님을 필요로 했다. 원래 인간은 하나님을 사랑하고 의지하도록 창조되었기 때문이다.

　구속에 관한 이야기를 할 때 우리는 자신의 죄에 초점을 맞출 때가 많다. 특히, 자꾸만 넘어지는 신자들은 버려야 할 행동을 떠올리며 괴로워한다. 자신이 얼마나 악한지만을 떠올린다. 물론 우리가 지독히 악한 건 사실이다. "만물보다 거짓되고 심히 부패한 것은 마음이라"(렘 17:9). 이것이 기독교 신학의 중요한 교리 중 하나이기는 하지만 그것을 올바른 배경 위에서 바라보는 것이 매우 중요하다. 다시 말해, 인간이 처음부터 악했던 건 아니다. 일곱째 날에도 세상에 죄는 존재하지 않았다.

　복음에 대한 이해는 하나님의 말씀이 시작되는 곳, 즉 흠 없는 창조의 영광 그 한복판에서부터 시작되어야 한다. 하늘, 바다, 공기, 물, 씨앗, 식물, 동산, 음식, 새, 동물, 아름다움, 신뢰, 하나님, 인간, 평화.

　하지만 지금 이 세상은 전혀 평화롭지 않아 답답하기 그지없다. 평화에 대한 이 채워지지 않은 갈망은 근심이나 낙심, 두려움, 분노, 온갖 죄나 중독을 비롯한 갖가지 모습으로 표출된다. 우리가 어떻게든 채워 보려고 애를 쓰는 이 공허함은 다름 아닌 하나님과의 완벽한 관계에 대한 갈망에서 비롯한다. 우리의 고뇌가 어디서 왔는지에 대한 답은 전도서 3장 11절에 있다. "하나님이 … 영원을 사모하는 마음을 주셨느니라."

　다시 말해, 인간의 영혼 속에는 창세기 1장과 2장에 대한 희미한 기억이 담겨 있다. 우리는 영혼 깊은 곳에서 그 시절을 그리워한다. 진정한 동산에서 하나님과 자유롭고도 완벽한 관계를 누리고픈 갈망. 그 시절을 되찾으려는 시도가 절박해질수록 실망의 어두운 그림자는 더욱 짙게 드리운다.

느끼든 느끼지 못하든 우리는 이 타락한 온 피조물과 함께 창세기의 이상을 꿈꾸며 '탄식'하고 있다. 우리는 창조주와 완벽한 교제를 나누며 평화 가운데 사는 "하나님의 아들들이 나타나는 것"(롬 8:19)을 고대하고 있다. 우리는 피조 세계의 회복을 갈망한다. 우리는 이상적인 삶, 그 옛날 동산에서의 삶을 갈망한다. 이 갈망이 우리를 지겹도록 괴롭히는 불만족의 원인이다. 지금 우리의 모습은 정상이 아니다. 지금 이 모습은 우리가 바라는 모습이 아니다.

이 망가진 모습을 제대로 이해하려면 '태초'로 돌아가야 한다. 먼저 우리의 정상 기능을 이해하지 않고서는 기능 장애를 이해할 수 없기 때문이다. 올바른 질서가 어떤 모습인지를 알지 않고서는 지금 우리의 혼란과 무질서를 제대로 이해할 수 없다. 우리가 얼마나 멋진 존재로 창조되었는지를 알지 않고서는 우리가 어느 정도까지 타락했는지를 정확히 판단할 수 없다.

하나님은 우리를 위해 바로 이 정상 기능을 구속하고자 하신다. 그분의 은혜를 통해, 복음을 통해.

그러니 잠깐만 시간을 내서 유심히 보라. 창세기 1장을 다시 읽으면서, 하나님이 현재 우리 상황과 똑같은 혼돈과 공허에 귀중

한 생기를 불어넣어 '보시기 좋게' 바꾸실 수 있다는 사실을 깨달으라.

하나님의 방법은 무엇일까? 우리를 인간 개조 프로그램에 등록시키실까? 악한 행동을 당장 그만두지 않으면 가만두지 않겠다고 겁을 주실까? 더 좋은 생각을 품고 더 좋은 행동을 하라고 윽박지르실까? 아니다. 하나님의 방법은 우리를 그분과의 관계로 초대하시는 것이다.

그 관계 속에서 하나님은 우리에게 변할 힘을 주신다.

우리 안의 망가진 것, 고쳐 달라고 아우성을 치는 것. 그것을 고치는 건 우리의 능력 밖의 일이다. 실제로, 인간 스스로 그것을 구속하려는 노력은 하나같이 실패로 끝이 났다. 그래서 우리에겐 하나님이 필요하다. 그저 천국 입장권에 그분의 서명을 한 번 받기 위해서만이 아니라, 그 후로도 계속해서 그분이 필요하다.

그분이 필요하지 않는 날은 영원히 오지 않는다.

모든 면에서 그분이 필요하다.

샬롬이 깨지는 소리

그때는 좋았다. 정말 좋았다. 그런데 갑자기 망가졌다. 상황이 급격히 나빠졌다. 창세기 1-2장을 지나 3장으로 가 보라.

그들이 그날 바람이 불 때 동산에 거니시는 여호와 하나

님의 소리를 듣고 아담과 그의 아내가 여호와 하나님의
낯을 피하여 동산 나무 사이에 숨은지라(창 3:8).

성경 전체에 이보다 더 가슴 아픈 구절은 없을 것이다. 하나
님은 아담과 하와를 원시의 기적이 숨 쉬는 에덴동산에 두셨다.
거기서 그들은 수치심도 두려움도 비밀도 걱정도 없는 완벽한 삶
을 누렸다. 숨을 필요가 없었다. 맡은 일은 더없이 즐겁기만 했다.
무엇보다도 서로가 있어서 행복했다. 그들 사이에는 한 조각의 옷
도 걸칠 필요 없는 친밀함이 흘렀다. 먹을 것도 지천에 널려 있었
다. 딱 하나만 손대지 않으면 뭐든 먹을 수 있었다. 그러나 금지된
나무의 열매를 먹는 날에는 반드시 죽는다는 하나님의 장담이 있
었다.

이 하나의 규칙만 지키면 주변에 가득한 복을 한껏 누릴 수
있었다. 하나님께 순종하기만 하면 지극한 희락의 삶이 끝없이 펼
쳐질 것이었다.

하지만 하지 말라고 하면 더 하고 싶은 법. 그 금지된 나무에
자꾸만 눈길이 갔다. 그것이 에덴동산에 있는 그 무엇보다도 탐스
러워 보였다.

나머지 이야기는 다 알 것이다. 뱀(사탄)이 여자에게로 스르르
기어왔다. "정말로 하나님이 어떤 열매도 먹지 말라고 하셨니?"

"아니. 딱 하나만 금하셨어. 그걸 만지기만 해도 죽을지 몰라."

"이 바보야, 그걸 정말로 믿니? 내가 비밀을 하나 알려 줄까?

그 열매를 먹으면 하나님보다 더 위대한 신이 돼. 그래서 하나님이 그걸 먹지 말라는 거야."

　이때 어딘가에서 아담이 돌아왔다. 뭘 하다 왔는지는 알 수 없다. 동물 이름 짓기를 마무리하고 왔을까? 동산의 저편에 뭐가 있나 확인하러 갔다 왔을까? 좌우지간, 귀가한 아담은 아내가 거짓말쟁이이자 침입자에게 현혹당하고 있는 것을 보자마자 뭔가 조치를 취했어야 했다. 뭐든 근처에 있는 돌 같은 걸 잡아 그 뱀의 머리를 찍어 버렸어야 했다. 하지만 아담은 아내가 처음으로 파괴의 달콤한 맛을 보는 모습을 그냥 보고만 있었다. 그러더니 나름 의리가 있는 척 어깨를 한번 으쓱하고는 아내에게 다가가 자신도 그 열매를 한입 깨물었다.

　저런!

　그 즉시 에덴동산에서 고막을 찢는 듯한 굉음이 울려 퍼졌다. 그것은 '샬롬' 곧 하나님의 평화가 깨지는 소리였다. 창조의 완벽한 리듬과 하모니가 순식간에 깨지면서 귀에 거슬리는 불협화음이 사방으로 퍼져 나갔다. 영광의 왕에 맞선 노골적인 반역이 선포되었다. 그때, 지금 우리에게 너무도 익숙한 죄책감, 후회, 공포, 불신, 불안, 비난, 자기혐오, 위선 같은 온갖 어두운 요소들이 난생처음으로 아담과 하와의 혈류를 타고 온몸으로 퍼졌다. 그 생소한 충격에 놀란 두 사람은 정신없이 도망쳐 숨었다. 어떻게든 하나님께 들키지 않고 넘어가기를 간절히 바랐다.

　어떻게든 무화과 나뭇잎을 찾아 자신을 가리는 인류의 집착은 이렇게 시작되었다. 우리는 아무도 눈치채지 못하기를 바라며 온갖 나뭇잎으로 우리의 불순종을 덮는다. 죄는 하나님의 완벽한 창조 질서를 형체도 알아보기 힘들 정도로 철저히 파괴시켰다. 죄는 우리가 사는 이곳을 변질시켰다. 성경은 죄로 인한 피해를 크게 두 범주로 정리했다. 허무와 고통이 그것이다.

허무. 바울은 "피조물이 허무한 데 굴복"(롬 8:20)했다고 말한다. 이 단어는 무능력과 한계의 의미를 담고 있다. 한때 온전하고 무한하고 누워서 떡 먹기만큼 쉬웠던 것이 이제는 고역과 피로로 변했다. 모든 것이 수고다. 땀을 흘리지 않고서는 하루도 살아갈 수 없다. 어깨가 무겁다. 다리에 쥐가 난다. 온몸이 부서져라 일해야만 한다. 그래서 모세는 많이 살아 봐야 "그 연수의 자랑은 수고와 슬픔뿐이요"(시 90:10)라고 말했다. 허무하다. 마음먹은 대로 되지 않는다. 하지만 여기서 끝이 아니다.

고통. 성경에서는 구체적으로 출산의 고통(the pain of childbirth)을 지칭한다(롬 8:22, NIV 참조). 솔직히 우리 남자들은 이 고통을 온전히 이해할 수 없다. 하지만 우리도 분만실에서 함께 그 지독한 고통을 똑똑히 확인했다. 그래서 우리는 여자들의 산고를 절대 무시하지 않는다. 정말이지, 차마 눈 뜨고 못 볼 정도로 끔찍했다. 우리 스스로 느꼈던 그 어떤 고통보다도 심해 보였다. 열 달 동안 아기를 품었다가 한밤중에 응급실로 실려가 비명을 지르고 힘을 주고 땀을 흘려 본 세상의 모든 엄마에게 무한한 경의를 표한다. 남자들은 엄마들의 이 수고를 절대 잊지 말아야 할 것이다. 그런데 알고 보면 이 고통은 죄가 이 세상에 들어온 직접적인 결과다. 이 고통은 우리의 삶과 뗄 수 없는 수만 가지 고통의 대표 격이다.

창세기 3장의 인류 타락 사건을 읽어 보면 그 여파는 계속해서 퍼져 나간다. 무너지는 관계, 일하는 고통. 하지만 뭐니뭐니해도 고통의 우두머리는 이것이다.

바로, 죽음.

"너는 흙이니 흙으로 돌아갈 것이니라"(창 3:19).

타락한 세상의 불협화음을 타고 죽음의 권세가 사방으로 퍼져 나갔다. 덕분에 아무리 청명한 하늘 위에도 최소한 죽음이란 작은 먹구름 하나가 떠 있게 되었다. 지금 우리는 아담과 하와가 시작한 일을 계속해서 하고 있다. 다시는 안 하겠다고 마음을 다잡아도 어느새 또 그 짓을 하고 있다. "모든 사람이 죄를 범하였으매 하나님의 영광에 이르지 못하더니"(롬 3:23). 우리는 아담과 하와의 반역에 동참했다. 기꺼이, 자진해서. 따라서 우리도 그들과 똑같은 값을 치러야 한다. "죄의 삯은 사망이요"(롬 6:23).

당연히 이것은 나쁜 소식이다.

하지만 이 허무와 고통, 깨진 관계, 고생, 필연적인 죽음의 시커먼 땅으로 한 줄기 빛이 들어온다. 그것은 우리에게 언젠가 낙원이 찾아온다는 확실한 소망의 빛이다. 이 빛으로 인해 우리는 기쁨으로 현재를 견뎌 낼 수 있다. 언젠가 완벽한 회복이 찾아올 것이다. 늑대가 양과 나란히 누울 것이다. 사자가 소처럼 풀을 뜯을 것이다. 사막에 장미가 만발할 것이다. 산꼭대기마다 상큼한 포도가 열릴 것이다.

그때까지 우리는 조물주가 인간 영혼에 불어넣으신 갈망으로 인해 불만족에 시달린다. 하지만 이 불만족스러운 세상에서 복음은 하나님의 선물들을 구속해 준다. 우리를 위해 그리고 그분의 영광을 위해.

부서진 인생 조각들, 주님 앞에 내려놓으라

어느 날 오후 늦게 남편에게 전화가 걸려 왔을 때 니나는 네 아이와 함께 집에 있었다. 네 아이 모두 다섯 살을 넘지 않았고 한 아이는 태어난 지 겨우 한 달밖에 되지 않았다. 남편은 그녀에게 집에 안 가니까 저녁 식사를 차리지 말라고 말했다.

"그래요? 얼마나 늦는데요?"

"늦는 게 아니라 이제 집에 안 간다고."

"오늘은 못 온다고요?"

"귓구멍이 막혔나? 왜 이렇게 말귀를 못 알아들어? 앞으로는 집에 안 갈 거라고!"

갑자기 하늘이 무너진다. 평화가 깨진다. 조화가 깨진다. 물론 그 전까지도 결혼생활이 완벽했던 건 아니다. 10년을 함께 살면서 수없이 으르렁거리며 서로에게 상처를 주었다. 하지만 아이들을 위해서 이혼만큼은 한 번도 생각해 본 적이 없다. 게다가 남편 없이는 살아갈 자신도 없었다.

하지만 자신의 의지와 상관없이 이혼을 당했다. 망가진 세상 속의 망가진 삶. 이제 그녀 스스로 이 상황을 해결해야 했다. 어디 의지할 사람도 없었다.

물론 하나님이 계신다. 하나님이 스무 살의 망나니 시절에 그녀를 구원해 주셨다. 그때부터 니나는 착한 시민이자 교인이자 엄마로서 하나님을 기쁘시게 해 드리려고 최선을 다했다. 하지만 그런 삶이 생각만큼 쉽지는 않았다. 이제 체력은 반 토막이 났는데 책임은 오히려 두 배, 세 배로 늘었다.

하지만 아이들을 생각하면 어떻게든 해내야 했다. 이대로 주저앉을 수는 없었다. 아이들을 위해서라도 다시 일어서야 했다. 배신감과 피로, 자괴감, 외롭고도 긴 밤, 주변의 따가운 시선, 난처한 질문들을 안고 살아가는 법을 배워야 했다. 그리고 신앙생활도 번듯하게 해내야 했다. 해야 할 일이 이미 산더미처럼 쌓였는데 신앙생활까지 해야 하니 죽을 맛이었다. 그렇다. 그녀에게 신앙생활은 해야 할 일 가운데 하나일 뿐이었다.

어느 저녁, 꽉 찬 예배당에 앉아 확실히 믿지도 못하는 찬송가를 따라 부르며 삶의 스트레스를 꾹꾹 억눌렀다. 몸은 교회 안에 있지만 소망 따위는 버린 지 오래였다. 산산조각이 난 가정, 무너진 삶. 모든 것이 불협화음에 빠졌다. 지친 마음으로 옆 좌석에 놓였던 종이 한 장을 불안하게 만지작거리다가 접기 시작했다. 그러고는 별 다른 이유 없이 종이를 반으로 찢었다.

문득 주님의 음성이 들리는 듯했다.

'더 찢어라. 조각조각 내라.'

이상한 일이다. 이곳은 교회 안이지 않은가. 교회 안에서는 이런 신경질적인 행동을 해서는 안 되지 않는가. 만약 아이들이 예배 시간에 예배에 집중하지 않고 이런 장난을 치면 혼을 내줬을 것이다. 그런데 정말로 하나님의 음성에 순종해서인지 단순한 충동에서인지는 모르겠지만 그녀는 조용히 종이를 접기 시작했다. 한 번, 두 번, 세 번 그리고 수백 조각을 냈다.

이윽고 다시 하나님의 음성이 느껴졌다.

'이제 그 종이를 다시 짜 맞춰라.'

'그건 불가능해요.'

'하지만 너는 지금 그러려고 애쓰고 있지 않느냐? 삶의 깨진 조각들을 다시 맞추려고 안간힘을 쓰고 있어. 네가 방금 말했듯이 그건 불가능하다. 나 없이는 절대 불가능하다.'

갈기갈기 찢어진 종잇조각들을 보자니 혼란에 빠진 삶의 조각들을 다시 맞추는 것이 불가능하다는 사실이 절실히 피부에 와닿았다. 결국 그녀는 항복의 몸짓으로 종잇조각들을 두 손에 담아 천천히 위로 팔을 뻗었다.

하나님의 말씀이 옳다. 그녀는 해낼 수 없다. 이 망가진 삶을 고치는 것은 그녀가 아니라 하나님의 몫이다.

하나님은 마침내 그녀의 삶을 고쳐 주셨다.

그 하나님이 우리 모두의 삶을 고쳐 주실 수 있다.

좋은 시절이 가고 나쁜 시절이 왔지만 복음을 통해 다시 놀

랍도록 좋은 시절이 온다. 그러려면 항복해야 한다. 내려놓아야
한다. 우리 힘으로 망가진 것을 고치려는 노력을 그만두어야 한
다. 근심과 두려움, 원망과 나쁜 태도, 하나님의 눈에 들어 복을
얻어 내려는 이기적인 몸부림은 이제 그만두어야 한다. 우리를 구
원으로 이끈 그 복음이 계속해서 우리를 구원해 주리라는 믿음으
로 손에 가득한 조각들을 주님 앞에 내려놓아야 한다.

　복음이 세상과 남들, 심지어 우리 자신이 망쳐 놓은 것들로
부터 우리를 구원해 줄 것을 믿어야 한다. 오늘의 난관과 마음 깊
은 곳의 공허함 앞에서 우리는 '나는 할 수 없다'라는 자세로, 우
리의 죄를 영원히 용서해 주신 그리스도를 의지해야 한다. 그렇지
않으면 안타깝게도 죽을 때까지 헛수고를 되풀이할 수밖에 없다.

02
..

벗어나려 할수록
항구는 멀어졌다

당신 스스로는 구원할 수 없다는 사실을 인정하라.
그래야 하늘의 위대한 의사가
마음의 수술로 당신을 자유하게 하실 수 있다.

세상에는 하나님과 예수님, 성경, 종교, 교회, 변화 같은 것에 관심조차 없는 사람들이 많다. 복음이 사전적으로는 '좋은 소식'을 의미하지만 그들에게는 전혀 무의미한 소식일 뿐이다. 그들에게는 나름대로 터득한 삶의 대처법이 있다. 그리고 물론 그 대처법 속에 하나님은 없다.

하지만 이전 장에서 살폈듯이 복음이 모든 사람에게 통하지 않을지 몰라도, '나쁜' 소식은 모두에게 적용된다. 나쁜 소식이 나에게만은 적용되지 않는다고 생각하는 사람들이 있지만 착각도 그런 착각이 없다. 사실, 대놓고 인정하지만 않을 뿐이지 내면 깊은 곳에서 불만족과 실망감을 느끼지 않는 사람은 단 한 명도 없다. 매일 그것을 느끼지는 않더라도 때로는 도저히 가만히 있지 못할 만큼 강한 불만족에 시달린다.

그래서 우리는 그 상황을 해결하려고 애를 쓴다.

상황을 바꾸려고 안간힘을 쓴다.

스스로를 구속하려고 발버둥을 친다.

오해하지는 마라. 여기서 누구를 비판하려는 게 아니다. 이 책을 쓴 우리(매트와 마이클)도 자주 그랬고, 지금도 그러고 있다. 믿음으로 그리스도의 복음을 받아들이고 나면 스스로 문제를 해결할 필요가 전혀 없건만, 솔직히 우리 대부분의 창고에는 일이 뜻대로 풀리지 않을 때 꺼내 쓰는 수만 가지 도구가 여전히 고이 보관되어 있다. 개중에는 가끔 필요할 때마다 꺼내서 쓰는 도구도 있지만, 하루도 빠짐없이 사용하는 도구도 있다. 여전히 우리만의 인생 정비 계획이 따로 있다.

그러나 우리의 계획으로 이룰 수 있는 유일한 변화는 더 나쁜 쪽으로의 변화뿐이다. 이제부터 많은 사람이 창고에 숨겨 둔 네 가지 도구를 고발하려고 한다. 이 도구들은 꽤 쓸모 있어 보이지만 결국은 아무 소용이 없고 기껏해야 부작용만 일으킨다.

이 도구들은 구속의 방해물일 뿐이다. 이 도구들이 무용지물이라는 사실을 우리 모두가 깨달아야 할 것이다.

자기계발로 완벽한 사람이 될 수 있다고 믿다

우리가 예나 지금이나 별로 발전한 게 없다는 사실을 잘 아는 사람들은 절대 믿지 못하겠지만, 얼마 전까지만 해도 우리는 우리의 문제점에 대한 해법이 자기계발이라고 굳게 믿었다. 우리는 마침내 완벽에 이른 미래의 자신을 상상했다. 그 완벽한 인간이 뒤집어진 우리의 세상을 바로잡아 주리라 믿었다.

자, 한번 자기 자신을 돌아보라. 10년 전에 당신은 지금쯤이면 완벽에 가까운 모습이 될 거라고 생각했을 것이다. 그런데 과

연 그렇게 되었는가? 그렇게 노력을 했건만 아직도 완벽의 길은
멀기만 하다. 그런데도 당신은 그렇게 많은 좌절을 맛보고서도 또
다시 미래의 자신에게 구원의 희망을 건다. 미래의 자신이 돌파구
를 찾아내고 상황을 반전시키리라는 희망의 끈을 놓지 못한다.

하지만 우리 인간은 절대 완벽에 이를 수 없다. 스물다섯, 서
른다섯, 예순다섯, 여든다섯. 아무리 나이를 먹어도 여전히 완벽
과는 거리가 멀다. 아무리 배에 왕(王) 자가 새겨져 있어도 소용없
다. 아무리 돈을 많이 벌어도 소용없다. 조직의 사다리를 아무리
높이 기어 올라가도 소용없다. 외모를 아무리 잘 가꿔도 소용없
다. 장담하건대, 당신이 머릿속으로 상상하는 완벽한 인간은 절대
나타나지 않는다.

그렇지 않다고 생각하는가?

자, 그렇다면 한번 따져 보자. 지금부터 우리가 묻는 질문에
자신 있게 대답할 수 있는지 보라. 이때까지 당신 자신에게 완벽
히 만족했던 적이 있는가? 자신의 몸무게나 체격, 시간관리법, 절
제력에 완벽히 만족했던 적이 있는가? 자신의 습관이나 헤어스타
일, 열심, 능력에 대해서는 어떤가? 분명, 자신 있게 대답하지 못
할 것이다.

혹시 당신이 완벽히 만족할 만한 수준에 이르지 못한 데는
피치 못할 사정이 있는가? 여전히 당신은 마음만 먹으면 얼마든지
해낼 수 있다고 생각하는가?

우리 인간들은 스스로를 속이는 데 달인이다. 우리는 마음만

먹으면 얼마든지 완벽히 행복한 사람이 될 수 있다고 굳게 믿는다. 그렇지만 그것은 스스로 하나님보다 더 나은 신이 될 수 있다며 독립과 자조를 외치는 것이며, 결국 스스로를 속이는 짓이다.

아니, 이것은 그 정도의 문제가 아니다. 성경에 따르면 "무릇 사람을 믿으며 육신으로 그의 힘을 삼고 마음이 여호와에게서 떠난 그 사람은 저주를 받을 것이라"(렘 17:5). 저주를 받는단다! "그는 사막의 떨기나무 같아서 좋은 일이 오는 것을 보지 못하고 광야 간조한 곳, 건건한 땅, 사람이 살지 않는 땅에 살리라"(렘 17:6).

생각만 해도 끔찍한 일이다. 하지만 엄연한 사실이다.

솔직히 우리는 역사 속의 수많은 실패를 통해 이것이 사실임을 잘 알고 있다. 인간의 자기계발 노력은 언제나 실패로 끝나게 되어 있다. 늘 사막과 광야로 이어지게 되어 있다. 당신도 겪어 봐서 알지 않는가? 우리 모두가 그런 경험을 해 봤다. 깊은 좌절감 속에서 아침에 눈을 뜬 적이 얼마나 많은가? 축 처진 어깨로 귀가한 것이 어디 하루 이틀인가?

아무리 멋진 신발과 옷으로 자신을 치장해도 우리에게는 군데군데 사막의 모래가 묻어 있다. 계속 자신에게서 해결책을 찾으려고 할수록 오히려 혼란은 점점 더 가중된다. 평생 가도 하나님의 눈에 흡족하기는커녕 인간적인 수준에서도 흡족한 수준에 이를 수 없다.

우리 스스로는 절대 자신을 구속할 수 없다.

내게 없는 것을 남들에게서 찾다

다른 이들을 통해서도 우리 자신을 구속할 수 없다. 베스의 이야기를 예로 들어 보겠다. 베스는 믿는 가정에서 자랐고 겨우 아홉 살에 구원을 받았다. 그런데 중학교 시절 사춘기의 방황에 빠져 하나님의 사랑을 보는 눈이 흐려졌다. 하나님이 자신을 자녀로 받아 주셨다는 사실에 자꾸만 의심이 생겼다. 열일곱 살이 되고부터는 남자애들의 시선을 끌기 위해 짙은 화장을 하고 다녔다. 남자만 잘 만나면 마음 깊은 곳의 외로움이 가실 것만 같았다.

하지만 대학 3학년 때 야한 화장과 옷차림으로 유혹한 남자 친구에게 며칠 만에 성폭행을 당하고 말았다. 그 바람에 외로움이 사라지기는커녕 그 전까지는 없던 분노와 자기혐오 같은 부정적인 감정들까지 한꺼번에 밀려왔다.

베스는 자신을 만족스러운 모습으로 가꾸면 내면 깊은 곳의 갈증이 해결된다는 착각에 빠져 있지는 않았다. 대신 그녀는 스스로 할 수 없는 것을 남들에게서 찾고자 했다. 결국 대학을 마치기 전에 결혼하고 싶은 남자를 찾아냈다. 베스는 그 남자가 자신의 망가진 삶을 고쳐 줄 것이라 굳게 믿었다.

베스가 과거로부터 완전히 치유될 수 없다는 사실을 깨닫기까지는 10년의 세월이 걸렸다. 남편을 통해 정체성과 구속을 얻을 수 있다는 희망은 이혼과 함께 산산이 흩어졌다. 결혼생활은 절망의 넓이와 깊이, 강도를 오히려 더했을 뿐이다. 목숨 바쳐 사랑했던 남자, 자신을 진심으로 사랑해 줬던 남자. 그 남자도 끝내 절망의 벽을 허물지 못했다. 이런 절망감을 느껴 봤는가?

이름과 세부사항, 상대(친구나 가족, 배우자, 자녀)만 다를 뿐 이와 같은 이야기가 세상에 가득하다. 이 모든 이야기의 핵심은 한 가지다. 자기 안에 없는 것을 다른 사람에게서 찾지 말라는 것이다.

우리가 관찰하고 경험해 본 바에 따르면 정말로 '모든' 이혼이 본질적으로 똑같은 기대에서 비롯한다. 그것은 자신이 이룰 수 없는 것을 다른 사람을 통해 이룰 수 있다는 기대다. 물론 부부간의 갈등에는 수만 가지 요인이 작용하지만 외도나 포르노 중독, 동성애 같은 외적인 증상 이면에는 배우자가 자신의 필요를 채워 줘야 한다는 그릇된 생각이 흐르고 있다. 그런데 배우자가 그 필요를 제대로 채워 주지 못하니까 자꾸만 한눈을 파는 것이다.

폭력적이고 고압적이고 지나치게 통제하는 남편의 경우도 마찬가지다. 이런 남편은 아내가 자신이 원하는 것을 해 줘야 한다고 믿는다. 그래서 아내가 말을 듣지 않을 때는 폭력을 써서라도 말을 듣게 만드는 것이다.

배우자는 우리를 완전하게 만들어 줄 수 있는 신(神)이 아니다. 그래서 배우자를 그런 신으로 만들려고 하면 반드시 가정에 불화가 생기게 되어 있다. 사실, 이 역학은 부부만이 아니라 세상의 모든 관계에 똑같이 적용된다.

남자들은 형편없는 신이다.

여자들은 형편없는 신이다.

자녀들은 불경하고 형편없는 신이다.

친구, 직장 동료, 부모, 애인, 약혼자, 그 어떤 사람을 통해서도 우리 마음속의 벌어진 틈을 채울 수는 없다. 다른 사람을 통해 마음의 틈을 메우려고 하면 평생 가도 자유와 치유, 만족, 기쁨을 경험할 수 없다. 오히려 갈등과 혼란, 극심한 고통만 더 심해질 뿐이다.

다른 누군가가 내 모든 문제에 대한 답이 되어 줄 수 있다는 기대를 품는 것은 그들에게 너무 무거운 짐을 강제로 지우는 것이다. 그렇게 되면 나만이 아니라 주변 모든 사람이 불행해진다.

그러니 헛된 기대를 버리라. 제발.

사람들을 통해서는 절대 구속될 수 없으니.

잠시뿐인 눈앞의 즐거움을 좇다

가끔 맛있는 아이스크림이 우리 마음에 마법과도 같은 효과를 일으킨다. 기껏해야 몇 분간이지만 달콤한 향기가 입안 가득 풍길 때면 세상이 그렇게 나쁜 곳만은 아닌 것 같다.

새 옷을 입고, 혹은 새 스마트폰을 들고 집을 나설 때도 마찬가지다. 번쩍이는 새 차를 몰고 주차장을 나설 때는 그야말로 날아갈 것만 같다. 기껏해야 며칠간이지만 새 물건을 사고 나면 왠지 전보다 더 잘난 사람이 된 것 같은 기분이 든다.

물론 그 전이나 후나 우리는 똑같은 사람이다. 단지 은행 잔

고가 줄어들고 빚이 더 쌓였다는 차이만 있을 뿐이다. 하지만 다음 달 청구서가 날아오기 전까지는 눈에 생기가 돌고 발걸음이 가볍다. 새 물건을 사면 참 좋다.

전보다 기분이 훨씬 더 좋아진다.

그런데 새 물건이 계속해서 새 물건으로 남던가? 반짝이던 새 시계와 주방용품, 운동복, 탁상 스탠드도 몇 년 뒤면 고물상에 단돈 몇 푼에 팔릴 것이다. 이 세상의 것들은 아무리 좋은 것이라도 시시각각 낡아지고 있다. 하나같이 언젠가는 쓰레기통 신세가 될 것이다. 당신이 그토록 원하는 그 집, 눈이 빠져라 기다리고 있는 월급 인상, 찜해 둔 그 차, 한눈에 마음에 들었던 그 가구. 모두가 영원하지 않다. 그런 것을 통한 기분 전환은 그리 오래가지 않는다.

하지만 그것을 알면서도 누구나 잠시뿐인 즐거움을 선택한다. 힘겨운 현실을 잠시라도 잊고자 또다시 이 허망한 우물에서 물을 길어 먹는다. 결국 바닥난 밀크셰이크 잔을 들여다보며 실망할 줄 빤히 알면서도 또다시 주문대 앞으로 달려간다.

윌리엄 실크워스 박사가 봤을 때는 알코올 중독자들도 같은 경우였다. 알코올 중독자 갱생회(Alcoholics Anonymous)의 *Big Book*(빅북)으로 알려진 그의 책을 보면 알코올 중독에 빠지는 과정이 나타난다. 짜증, 불안감, 외로움, 불만족에 시달리는 사람들이 술에서 위로를 찾은 것 같은 사람들을 본다. 그리고 얼마 있지 않아 스스로 술의 효과를 시험한다. 술이 내면 깊은 곳의 허전함을 채워

줄 것으로 기대한다. 하지만 불행한 악순환에 빠질 뿐이다. 그 후
에는 끊겠다고 마음을 먹어 보지만 결국 불만족의 고통을 잠시
누그러뜨리는 마취제에 다시 입을 댄다. 이 이면에도 똑같은 욕구
가 숨어 있다.

다음 장에서 자세히 다루겠지만 이런 세상적인 추구의 문제
점은 활동(음식이나 섹스, 쇼핑 등)에 있지 않다. 그런 활동을 즐기는
것 자체가 도덕적으로 잘못된 것은 아니다. 오히려 그 반대다. 음
식과 섹스, 물질적인 것은 모두 하나님이 우리에게 누리라고 주신
선물이다.

그러나 탐욕에 눈이 멀어 돈도 없이 물건을 산다면, 더블치
즈버거로 외로움과 답답함을 달래 볼 생각으로 햄버거 가게에 들
어간다면, 자신감 부족과 불안감으로 인해 섹스에 중독된다면, 이
모두는 하나님의 선물을 우상으로 삼아 오용하는 짓이다. 하나님
은 이런 선물을 적절한 한계 안에서 즐기라고 주셨다. 그런데 수
많은 사람이 이런 것에서 참된 만족을 얻을 수 있다는 착각에 빠
져 도를 넘은 모습을 보이고 있다. 그들은 창조된 것을 창조하신
분보다 위에 놓고 있다.

우리 자신만큼이나 세상적인 것들도 실망감만을 안겨 줄 뿐
이다. 다른 사람들과 마찬가지로 이런 것이 진정한 만족을 줄 수
없다는 걸 다들 내심 알고 있다. 그런데 어리석게도 우리는 계속
해서 이런 것을 향해 달려간다. 이번만큼은 진정한 만족이 찾아오
고 좋은 감정이 끝까지 가리라는 헛된 기대를 끝내 버리지 못한

다. 그래서 불나방처럼 또다시 알코올 중독이나 성적 타락, 마약 중독, 신용카드 빚의 불을 향해 몸을 던진다. 여태껏 수없는 실망을 안겨 줬던 것을 향해 또 손을 뻗는다. 그저 양이 문제라고 생각한다. 양만 조금 더 늘리면 반드시 만족이 찾아올 거라고 믿는다. 그렇게 우리는 한 번도 만족을 주지 못했던 것에 계속해서 헛된 희망을 건다.

하지만 세상은 우리를 구속할 힘이 없다.

'천국행 티켓'을 사기 위해 달리다

혹시 아직도 복음을 냉소적으로 바라보고 있는가? 하긴, 그럴 만도 하다. 솔직히, 교회의 방식이라고 해서 무조건 옳은 건 아니다. 오히려 더 나은 나 자신을 만들기 위한 노력만큼이나 구속을 위한 종교적 시도도 실망감만을 안겨 줄 때가 많다.

사실, 좋은 크리스천이 되기 위한 조건을 하나씩 충족시켜 하나님의 은혜의 저울을 자기 쪽으로 기울이려는 노력이 바로 스스로를 구속하려는 노력이다. 단 하나, 성가대 옷을 입고 찬양을 부른다는 점만 다르다.

아울러 이 '저울'에 관해서 짚고 넘어갈 것이 있다. 사람에 따라 이것이 좋은 소식일 수도 있고 마른하늘의 날벼락일 수도 있다. 우리가 우리 쪽으로 기울이려고 무던히 애를 쓰고 있는 저울, 하나님이 우리의 성적을 측정하기 위해 사용하시는 저울, 하나님이 우리를 흡족해하시는지 여부를 알려 주는 저울.

이러한 저울은 존재하지 않는다. 저울 따위는 없다. 우리는 예수 그리스도의 피로 완벽히 의로워졌거나, 전혀 의로워지지 않았거나 둘 중 하나다. 중간 지점은 없다.

성경의 가르침대로 사는 것이 지혜롭고 온전하고 건강한 삶인 이유는 수천 가지는 아니더라도 족히 수백 가지는 된다. 자발적인 순종으로 하나님을 경외하고 예배하는 것은 참으로 아름다운 일이며, 이런 행위에는 하늘 아버지의 온갖 복이 임한다. 하지만 하나님의 눈에 들거나 그분을 우리 편으로 만들기 위해 이런 행위를 하는 것은 어리석은 짓이다. 그런 동기로는 아무리 신앙생활을 잘해 봤자 결코 하나님의 복이 임하지 않는다. 우수한 과제물을 내서 하나님께 우등생 표창을 받으려는 것은 사람이나 세상을 통해 만족을 얻으려는 것만큼이나 어리석은 짓이다.

종교는 통하지 않는다.

다른 세 가지 방법과 마찬가지로 헛수고다.

하나님의 눈에 들려는 시도는 통하지 않는다.

그런데도 그런 시도가 매일같이 사방에서 나타나고 있다. 이 세상의 주요 일신교들을 보라. 하나같이 특정한 행위나 의식으로 성적을 올려 가는 시스템이다. 모두 헛수고를 하고 있다. 특히 은혜로 구원받은 크리스천들이 하나님 앞에서 이런 짓을 하고 있다면 그것만큼 한심한 일도 없다.

이렇게 저울을 기울이려는 시도는 착한 사람이 천국에 간다는 철저히 비성경적인 관념에서 비롯한다. 실상은 예수 그리스도의 복음으로 변화받은 '나쁜' 사람들이 천국에 가는 것이다. 그리스도의 구속의 역사로 죄를 용서받은 우리는 그 사실로 인해 그분을 사랑하고, 그 사랑을 표현하기 위해 그분이 우리 안에 주신 새 마음으로 살아간다.

우리는 천국행 티켓을 사기 위해서가 아니라 이미 얻은 천국행 티켓에 감사해서 하나님이 기뻐하시는 삶을 산다.

종교는 절대 우리를 구속해 주지 않는다.

진짜 문제는 '마음'의 문제다

'변화되는 법'을 논하는 이런 책을 집을 때는 꼭 바꾸겠다고 결심한 '한 가지'가 있기 마련이다.

당신의 '한 가지'는 무엇인가? 언제부터 싸웠는지도 기억나지 않을 만큼 오래된 중독인가? 하나님의 사랑은 물론이고 세상 누구의 사랑도 의심하게 만든 지긋지긋한 우울증인가? 망가진 관계인가? 과거에 학대받았던 기억인가? 그로 인해 정상인처럼 생각하고 행동할 수 없게 되었는가? 삶이 철저히 망가졌는가?

그 '한 가지'가 무엇이든 당신 자신은 그것이 무엇인지 잘 알고 있다.

'나는 마약에 중독되었어.'

'폭식이 문제야.'

'이놈의 정욕 때문에 못 살겠어.'

'관계가 엉망이야.'

당신이 느끼는 것이니 이것이 문제인 건 사실이다. 하지만 우리 모두가 태생적으로 안고 있는 '진짜' 문제는 다름 아닌 마음의 문제다. (1)더 열심히 노력하거나 (2)남들을 이용하거나 (3)도망치거나 (4)종교 점수를 높여 이 '한 가지'를 고치려는 것은 잡초를 베는 것과도 같다. 잡초를 베고 나면 잠시 동안은 괜찮아 보인다. 하지만 조금만 기다려 보라. 얼마 후면 잔디밭에 잡초가 전보다 더 무성해진다. 겉으로 나온 부분을 없앴다고 안심했다가는 큰코다친다. 시간이 지나면 여지없이 다시 자라서 집을 온통 쑥대밭으로 만들어 놓는다.

이 잡초는 우리가 아담의 피를 물려받았을 뿐 아니라 우리가 하나님에 대한 아담의 반역에 기꺼이 동조한 탓에 자라난다. 땅 위로 보이는 것은 우리의 전적인 허락에 따라 우리 안에서 벌어진 비극의 증상일 뿐이다.

그래서 예수님은 이렇게 말씀하셨다. "무엇이든지 밖에서 사람에게로 들어가는 것은 능히 사람을 더럽게 하지 못하되"(막 7:15). 다시 말해, 우리가 행하거나 허용하거나 즐기는 것이 우리를 더럽히는 게 아니다. 반대로, "사람 안에서 나오는 것이 사람을 더럽게 하는 것이니라"(막 7:16). 우리가 죄를 지어서 죄인인 게 아니다. 죄는 이미 우리 안에 있다. 우리가 자주 쓰는 표현을 빌자면 "우리 문제의 핵심(heart)은 마음(heart)의 문제다."

이 문제를 해결하려면 우리가 고쳐야 한다고 생각하는 문제 아래에 있는 진짜 문제를 고쳐야 한다. 하나님이 그 근본 문제까지 파고들어 온전한 회복과 구속을 이뤄 주셔야 한다.

예를 들어 보자. 게으른 사람들의 경우 근본 원인은 두려움이 많아서일 때가 많다. 실패가 두려워서 행동하지 않는 것이다. 잘해내지 못할까 봐 애초에 시도조차 하지 않는 것이다. 괜히 긁어 부스럼을 만들까 봐 건드리지 않는 것이다. 이해가 가는가?

남자들(과 여자들)이 포르노 중독에 빠지는 데는 분노와 통제 욕구라는 두 가지 요인이 작용한다. 포르노 중독에 빠진 사람들은 불안정하다. 그들은 과거에 큰 분노를 일으키는 사건을 겪고 나서 그 분노로 애꿎은 사람들의 삶을 통제하려는 것이다. 그 결과, 자신의 쾌락을 위해 하나님의 형상을 품은 사람들을 비인간화한다.

그 외에도 수많은 잡초가 같은 방식으로 자란다. 중요한 것은 땅 위로 보이는 문제점이 아니라 땅 아래에 숨은 근본 원인이다. 예를 들어, 비난이나 학대, 관계적 문제, 외로움은 무정함이라는 뿌리에서 자란 잡초다. 따라서 악하거나 파괴적인 열매가 계속해서 나타난다면 어떤 뿌리가 땅 밑에서 그 열매에 영양분을 공급하고 있는지를 정확히 진단해야 한다.

표면적으로 드러난 중독과 나쁜 습관, 경험보다는 그 밑바닥에 흐르는 근본 문제를 다루는 것이 중요하다. 이 근본 문제는 정말로 치명적이다. 그 어떤 인간적인 구속의 노력으로도 이 문제를 해결할 수 없다.

상처에 대한 원망, 마음속에 들끓는 분노, 남들을 향한 비난, 묵은 복수심, 두려움, 이 외에 내려놓지 못한 모든 부분들. 당신은 이 모든 것에 대한 집착을 끊을 준비가 되었는가?

여느 사람들과 마찬가지로 당신도 뿌리에 병을 앓고 있다는 사실을 인정하겠는가? 그리고 당신 스스로는 구원할 수 없다는 사실을 인정하겠는가? 구속을 위한 인간적인 노력이 모두 "물을 가두지 못할 터진 웅덩이들"(렘 2:13)에 희망을 거는 것이라는 사실을 인정하겠는가?

그렇다면 잘 들어 보라. 구속의 필요성과 현실을 인정하는 것은 좋은 일이다. 그래야 당신이 끊고 싶은 그것을 끊을 수 있다. 그래야 하늘의 위대한 의사가 마음의 수술로 당신을 자유하게 하실 수 있다.

그래야 변할 수 있다.

PART 2

복음이
우리를 찾아왔다

01

복음,
내 방식을 내려놓게 하다

복음의 묘미는
하나님이 일으키시는
'반전'이다.

랜디와 그의 아내 신디의 삶은 꼬리를 무는 고난으로 인해 이미 만신창이가 된 지 오래였다. 실직과 건강 문제, 유산이 짧은 시간에 연속으로 부부의 삶을 강타했다. 그러다 그해 12월 26일 어둡고 차가운 밤, 13년 결혼생활에 마침내 종지부를 찍는 사건이 벌어졌다. 오랜 외도의 죄책감을 떨쳐낼 수 없었던 랜디는 결국 자신이 저지른 일을 침묵으로 인정했다.

이 두 사람이 경험한 절망이 어느 정도일지 상상이 가는가?

아니면 당신도 이미 비슷한 일을 겪어 봤는가?

배신감에 치를 떨던 신디는 결국 짐을 싸서 여동생의 집으로 가 버렸다. 랜디는 텅 빈 집에 홀로 남아, 그 전까지는 억지로 외면했던 문제들과 마주했다. 인격과 책임감, 정직의 부재가 고통스러울 정도로 훤히 드러나고 그 결과로 지독한 외로움과 수치심이 밀려왔다. 예전에는 한없이 마음이 무겁다가도 부인과 책임전가의 마취제로 고통을 조금이나마 누그러뜨릴 수 있었다. 하지만 지금은 텅 빈 방 안에서 죽음과도 같은 고통이 날 것 그대로 느껴졌다.

이에 대해 성경은 이렇게 말한다.

"우리가 아직 연약할 때에"(롬 5:6).

또 다른 예는 우리 교회의 장로인 보우다. 보우는 대학교 1학년 때 예수님을 영접한 뒤 전심으로 그분을 섬기고 사랑하며 참된 크리스천으로 변해 갔다. 특히 그는 마음의 병을 누구보다도 성경적으로 깊이 이해하는 사람이다. 그는 지금까지 우리가 이야기한 마음의 병들에 대해 하나님이 아닌 다른 곳에서 해답을 찾는 사람이 너무도 많다고 말한다.

사실 보우는 겨우 여덟 살에 우울증 진단을 받고 어른이 되어 결혼한 뒤까지도 그 무거운 짐에 시달렸다. 심지어 주님과 친밀하게 동행하고 나서도 몇 년간은 우울증의 앙금이 남아 있었다. 그런데 언제부터인가 그에게는 근본 원인을 찾기 위해 잠시 약을 끊어 볼까 하는 생각이 들었다.

'내 마음속에 문제가 있는 건 아닐까? 이 항우울제가 억누르고 있는 것은 무엇일까? 얼마나 힘든지 한번 보자.'

결과는, 죽을 만큼 힘들었다. 약을 끊자 우울증이 주체할 수 없이 날뛰었다. 지독한 절망감이 밀려왔다. 아내와 교회 식구들이 사랑으로 보듬어 주었지만 감정이 나락으로 떨어지는 것을 막기에는 역부족이었다. 도무지 방법이 없어 보였다.

꼬박 2년 동안 보우의 삶에는 볕이 들지 않았다. 그러다가 그는 갑자기 밝고 따스한 기운이 자신을 감싸는 것을 느꼈다. 그때 보우는 자신이 어디서 뭘 하고 있었는지 정확히 기억하지는 못한다. 다만 주님을 향한 믿음이 전에 없이 커진 것은 똑똑히 기억한다. 그는 하나님의 사랑과 은혜를 강하게 느끼고 흔들리지 않는 소망을 얻었다. 자신이 예전에 예수 그리스도를 통해 구속을 받았을 뿐 아니라 지금도 계속해서 구속을 받고 있다는 사실을 진정으로 깨달았다.

"우리가 아직 연약할 때에…."

이번 이야기의 주인공은 애슐리다. 그는 목회자 집안에서 태어났지만 늘 사랑과 관심에 굶주려 왔다. 그로 인해 방황도 많이 했고, 여러 번의 학대 관계를 경험하면서 그녀의 삶은 몰라보게 망가졌다.

그런데 끔찍한 교통사고로 세상을 떠난 청년부 담당 목사의 장례식장에서 특별한 일이 일어났다. 모두가 깊은 충격과 슬픔에 휩싸여 있었다. 그 가운데서도 사람들은 그 목사님이 얼마나 예수님을 사랑하고 충성스럽게 섬겨 왔는지에 관한 이야기를 서로 나누었다.

애슐리는 문득 이런 생각이 들었다. '목사님이 아닌 내가 이렇게 죽었다면 누구도 이런 이야기를 하지 않겠지. 솔직히, 대부분이 장례식장에 오지도 않을 거야. 뭐 추억할 게 있어야 오지.'

한번은 결혼식을 둘러싸고 그녀의 인생 방향을 바꿔 놓는 사건이 일어났다. 친구가 결혼식에서 사회를 봐 달라고 해서 애슐리는 그토록 중요한 역할을 맡게 되어 더없이 기뻤다. 그런데 결혼식을 얼마 앞두고서 폭주하던 버릇이 다시 도졌다. 결국 술에 취해 두어 번 주정을 부리다가 친구와 대판 싸우고 말았다.

다른 친구들은 결혼하는 친구에게 아무리 늦었어도 결혼식 사회자를 바꾸고 앞으로 다시는 애슐리와 말을 하지 말라고 권했다. 하지만 뜻밖에도 이 친구는 애슐리에게 용서와 은혜의 손을 내밀었다. 이 친구는 결혼식 준비로 눈코 뜰 새 없이 바쁜 가운데서도 애슐리를 만나 위로하고 도움을 주겠노라 말했다. 무엇보다도 그녀는 예수님이 죄인인 자신을 사랑해 주신 것처럼 자기도 잘못에 상관없이 애슐리를 사랑해 주고 싶다고 말했다.

> 우리가 아직 연약할 때에 … 그리스도께서 우리를 위하여 죽으심으로 하나님께서 우리에 대한 자기의 사랑을 확증하셨느니라(롬 5:6-8).

정말 감격스럽지 않은가? "우리가 아직 죄인 되었을 때에"(8절) 하나님이 우리를 원수 상태에서 구속하셨고 "그의 피로 말미암아 의롭다 하심을"(9절) 받은 자들을 계속해서 매일 구속해 주신다. 그래서 우리는 신자가 된 후에도 계속해서 "그의 살아나심으로 말미암아 구원을 받을"(10절) 수 있다. 영광의 하나님과 온 피조물이 우리에게 이렇게 말하고 있으니 이 얼마나 감격스럽고 기쁜 소식인가.

그런데 우리가 정말로 그렇게 연약한가? 참으로 그렇다. 사람들은 기독교를 목발에 비유한다. 한마디로 우리 크리스천들이 장애인 같은 나약한 존재들이란 말이다.

하지만 우리는 이 말을 듣고 한 번도 기분이 나쁜 적이 없다. 그들의 말이 '전적으로' 옳다. 우리에게는 이 목발이 필요하다. 이 목발 없이는 버틸 수 없다. 아무 도움 없이 절뚝거리며 걷는 것보다 기독교란 목발에 의지하는 게 훨씬 낫지 않은가. 우리가 약할 때 하나님이 예수 그리스도의 죽음과 부활의 힘으로 우리를 지탱해 주시지 않았다면 우리는 영원히 절뚝거릴 수밖에 없는 존재였다.

사람들은 이렇게 묻는다. "우리가 정말로 그렇게 무기력하다는 말입니까? 진짜 우리가 할 수 있는 일이 아무것도 없나요? 태어날 때부터 그런 건가요?" 그렇다.

"우리 힘으로 그 상황을 바꿀 수 없나요? 우리에게는 옳게 살 수 있는 능력이 없나요? 우리 스스로 문제점을 파악하고 해결할 수는 없나요?" 그렇다.

하나님이 개입하시기 전까지는 그렇다.

하나님은 파탄 난 랜디와 신디의 가정 안에서 복음의 위력을 톡톡히 보여 주셨다. 그리스도의 복음은 깨진 지 20년이 지난 가정까지도 완벽히 구속하는 위력을 발휘했다.

하나님은 끝없는 우울증의 구덩이 속까지 친히 내려가 보우를 만나 주셨다. 그분은 교회 장로란 자가 한낱 우울증 하나 떨쳐 내지 못한다고 타박하시지 않고 부드러운 손으로 그를 붙잡아 일으키셨다.

하나님은 애슐리의 삶 속에서 친구의 아름다운 사랑을 사용하셨다. 그리스도의 무조건적인 사랑을 닮은 그 사랑 덕분에 자신을 더럽고 못난 실패자로 여기던 여인이 하나님의 당당한 딸로 변했다.

이처럼 복음의 묘미는 하나님이 일으키시는 '반전'이다.

하나님이 개입하시다

이제부터 우리들(매트와 마이클)의 삶 속에서는 어떤 반전이 일어났는지 이야기해 보겠다.

매트에게 찾아오신 하나님

내 이야기는 전에도 지면을 통해 적잖이 밝혔다. 그래서 여기서는 아주 간단하게만 이야기하고 넘어가겠다. 나는 고등학교에 들어가기 전까지는 복음을 진정으로 만나지 못했다. 우리 어머니는 비록 어릴 적에 배운 율법주의를 완전히 떨치지는 못하셨지만 나름대로 신앙생활을 열심히 하셨다. 덕분에 나는 그리스도에 관해 많은 것을 알게 되었다. 문제는 내 마음에 드는 것만 받아들이고 마음에 들지 않는 것은 받아들이지 않았다는 것이다.

하지만 그런 가운데서도 하나님은 내 주변에 있는 신실한 사람들의 관심과 본보기를 통해 그분의 사랑과 진리를 보여 주셨다. 그러다가 나와 같은 미식축구 팀에 속한 제프라는 친구가 결정적으로 나의 굳은 마음을 녹였다. 내가 예수님을 영접하는 것을 기필코 보고야 말겠다는 일념으로 똘똘 뭉친 친구. 그 친구의 열정은 젊은 내 마음속에 가득한 의심의 구름을 흩어 버렸다.

사실, 나는 미식축구와 어울리지 않았다. 체격도 호리호리하고 운동신경도 없었다. (지금도 별로 바뀐 건 없다.) 그래서 대부분의 경우 실제 경기에서 '우리' 팀으로 경기하기보다는 연습 경기에서 그것도 '상대' 팀 역할을 해야만 했다. 하지만 제프는 핵심 선수였다. 제프는 대학에서도 미식축구 선수로 뛰었다. 그런데 이러한 친구가 나 같은 별 볼일 없는 녀석에게 가까이 다가왔다.

"이번 수요일 저녁에 나랑 같이 교회에 가지 않을래?"

"아니, 난 괜찮아." 이것이 내 첫 번째 대답이었다.

그렇지만 난 결국 그 친구를 따라갔다. 그 교회에서 내가 한쪽 눈으로 본 것은 유치한 노래를 부르며 그보다 더 유치한 율동을 하는 이상한 사람들이었다. 하지만 다른 쪽 눈에는 나와 똑같이 불완전한 가운데서도 전심으로 주님을 따르고 그분의 내적 역사를 통해 나날이 변해 가는 사람들이 보였다.

그래서 그리스도와 그분의 복음에 꽤 관심이 가기는 했다. 하지만 내 방어기제는 좀처럼 풀리질 않았다. 기독교에 관심이 있으면서도 어떻게든 허점을 찾아내려고 애를 썼다. 주님 앞에 완전히 자복하기는 부담스러웠다. 세상과 교회에 한쪽 발씩 담그고 살고 싶었다. 그래서 어떻게든 핑곗거리를 찾고 싶었다. 하지만 뒤로 빠지려고 할수록 주님은 나를 더 강하게 끌어당기셨다. 그리고 주님이 내 어리광을 그만 받아 주신다는 느낌을 받았다.

'이제 그만하고 내게로 오너라. 네가 내 것이라는 걸 잘 알지 않느냐?'

결국 주님이 이기셨다. 나는 두 손 두 발을 들었다. 그 순간, 나는 미적대지 않고 과감히 내 전부를 주님께 드렸다.

주님은 내 마음의 벽을 완전히 허물고 내 마음을 완전히 사로잡으셨다. 그분은 내 연약한 논리와 방어막을 뚫고 들어와 나를 그분의 나라로 데려가셨다. 그리고 내게 그분을 사모하는 새 마음을 주시고 감격스러운 은혜로 나를 변화시켜 주셨다.

마이클에게 찾아오신 하나님

미리 말해 두는데, 내 이야기는 매트의 이야기와 많이 다르다. 새천년 바로 전날 밤, 나는 또다시 마약에 손을 댔다. 다들 새로운 각오를 다지던 그 귀중한 순간에 말이다. 결과적으로는 그것을 끝으로 마약을 끊었지만 당시에는 그 올가미에서 평생 벗어나지 못할 것만 같았다. 도무지 희망이 보이질 않았다.

당시 나는 결혼을 해서 어린 딸을 두고 있었고 부동산 사업으로 큰돈을 벌었다. 하지만 마약과 술은 천천히, 확실하게 내 삶의 모든 것을 파괴시켰다. 어릴 적에 교회에 다니면서 키워 온 믿음도 밑바닥까지 떨어졌다. 나이 서른둘에 이혼을 한 나는 깊은 절망감에 빠져들었다. 그리고 과격한 운전으로 교통사고를 내고 강제로 입원한 뒤로는 완전히 혼자가 되었다. 가족들 중 일부는 내가 6개월을 넘기지 못하고 죽을 거라고 예상했다. 하지만 누굴

탓하랴? 나라도 그렇게 생각할 수밖에 없었을 것이다.

하지만 수년간의 연약한 나날 중에서도 가장 연약했던 그 순간, 하나님이 개입하기 시작하셨다. 내게 배정된 상담자는 며칠 뒤(2000년 1월 초) 나와 대화를 나누던 중에 내가 하나님께 소명을 받은 것 같다는 말을 했다. 그는 내가 지금까지와는 전혀 다르게 살 것이라고 했다. 사실, 그는 기독교와 관련된 말을 전혀 하지 않았다. 아니, 그 시설에 있는 동안 기독교와 관련된 말을 단 한 번도 들어 본 적이 없었다. 하지만 주님은 분명히 그곳에 계셨다. 사회의 변방에서도 주님은 변함없이 역사하고 계셨다.

내 방에 들어와 문을 닫았을 때 하나님은 내 어두운 마음속에 한 줄기 빛을 비추셨다. 그 순간, 이면에 숨겨져 있던 것이 적나라하게 드러났다. 평생에 그토록 강렬한 슬픔을 느껴 본 적은 없었다. 동시에 그토록 강렬한 소망과 사랑을 경험한 적도 없었다. 솔직히, 당시는 내게 어떤 일이 일어났는지 전혀 이해할 수 없었다. 그래서 며칠 내내 그 시설 안에 있는 사람들을 붙잡고 내 안에서 일어난 '혁명'에 관해 이야기했다. 아마도 내 이상한 행동에 재활센터의 경비원들이 꽤나 긴장했을 것이다. 하지만 나중에 알고 보니 그 혁명은 바로 살아 계신 하나님과의 만남이었다.

물론 그 일로 내 모든 문제가 단번에 사라지지는 않았다. 나와 주변 많은 사람의 삶 속에는 여전히 파편이 흩어져 있었다. 하지만 이제 하나님이 개입하기 시작하셨다. 하나님은 연약한 가운데 있는 나를 사랑해 주셨다.

우리가 아직 연약할 때에

우리끼리 비교하면 자신이 별로 약해 보이지 않는다. 오히려 자신이 남들보다 상대적으로 강해 보일 수도 있다. 하지만 전능하신 하나님 앞에 서 보라. 우리가 타고난 죄의 거대한 저주 앞에 서 보라. 우리는 그야말로 약해 빠진 존재다. 유난히 약한 사람들만 그런 게 아니라 우리 모두가 그렇다.

자신이 너무 부족하고 불결하고 악해 보여서 감히 하나님 앞으로 나아가지 못하겠는가? 그렇다면 잘 들어 보라. "우리가 아직 연약할 때에" 하나님이 우리를 구하러 오셨다. 그 하나님이 지금도 여전히 우리를 구하러 오신다.

당신이 실패와 중독, 미숙의 굴레에서 허덕이는 순간에도 하나님이 당신을 더없이 기뻐하신다는 사실을 도저히 믿지 못하겠는가? 그렇다면 잘 들어 보라. "우리가 아직 죄인 되었을 때에 그리스도께서 우리를 위하여 죽으심으로 하나님께서 우리에 대한 자기의 사랑을 확증하셨느니라"(롬 5:8).

물론 하나님은 우리가 악한 습관들의 지배를 받아 무너지는 모습을 절대 기뻐하시지 않는다. 그런 습관들은 무익하며 순종에 따르는 자유와 기쁨, 복을 앗아갈 뿐이다. 하지만 우리가 그런 습관에 빠져 있다고 해도 하나님은 계속해서 우리 안에서 역사하고 계신다.

어릴 적에 구원을 받았는가? 술독에 빠져 살거나 삶을 포기하기 직전에 이르러서가 아니라 주일학교 교실에 조용히 앉아 있다가 주님을 만났는가? 우리 자녀들이 모두 이런 식으로 구원을 받았으면 좋겠다. 우리 아이들이 아무런 반감 없이 자연스럽게 예수님을 알고 주님으로 영접했으면 좋겠다. 험한 꼴을 한 번도 당하지 않고 편하게 구원을 받으면 얼마나 좋은가. 하나님이 나락까지 내려와 우리를 끌어올리실 필요가 없으니 말이다.

하지만 어떤 상황에서 주님을 만났든 살다 보면 누구나 자신의 연약함을 느낄 때가 있다. 혹시 지금 이 순간 그 어느 때보다도 자신의 연약함을 절감하고 있는가? 그렇다면 구속이 일회성 사건이 아니라는 사실에 감사하라. 구속은 어릴 적이나 청소년 시절에 딱 한 번 받고 마는 게 아니다. 그래서 얼마나 다행인가. 처음 구속을 받는 순간 평생 쓰고 남을 만큼 충분한 은혜를 받지 않았을까 봐 걱정할 필요가 전혀 없으니 말이다.

구속이 일회성 사건이라는 말은 성경 어디에도 없다. 하나님은 지금도 우리를 위한 계획을 갖고 계신다. 그러니 지금 이 순간 우리가 아무리 연약해도 걱정할 필요가 없다. 하나님은 여전히 우리를 사랑하고 받아 주신다. 지금도 우리를 그분의 자녀로 여기신다. 지금도 계속해서 우리를 그분의 형상으로 빚어 가고 계신다. 구주의 사랑의 품에 안기기가 죄송스러운가? 주님이 죽음과 부활을 통해 주신 살과 피, 성금요일을 통해 허락하신 승리를 누릴 자격이 스스로 없다고 생각하는가? 그것은 원수의 케케묵은 거짓말에 속은 탓이다.

물론 우리가 은혜의 부르심에 응답하여 예수님을 구주로

영접했다고 해서 우리의 어두운 부분이 모두 사라진 건 아니다. 그렇지만 주님의 영원한 복음은 계속해서 우리의 어두운 영역을 찾아 몰아낸다. 그래서 약한 가운데서도 우리는 주님 안에서 강하다.

영원한 만족을 주신다

이상하게도 교회나 주변에서 이런 구속과 복음에 관한 이야기를 듣고도 여전히 자신의 구속에 대해서는 자신의 방법이 더 맞다고 생각하는 사람이 너무도 많다.

답답한 노릇이다.

인간은 정말로 어리석기 짝이 없다.

하지만 "하나님이 죄를 알지도 못하신 이를 우리를 대신하여 죄로 삼으신 것은 우리로 하여금 그 안에서 하나님의 의가 되게 하려 하심이라"(고후 5:21)라는 복음을 진심으로 받아들이면 우리의 방식이 얼마나 어리석은지를 깨닫게 된다.

성경의 말씀이 마음속에 깊이 들어올수록 우리 자신의 해법은 점차 더 어리석게 보인다. 우리가 안정감을 얻고 고통을 완화하기 위해 길어 마셨던 썩은 우물물이 점점 역겨워진다. 물론 그렇다고 우리가 완벽해지는 것은 아니지만 최소한 어리석은 짓은 그만둘 수 있다.

그때부터 진정한 변화가 시작된다.

이제, 복음이 어떤 식으로 우리 자신의 네 가지 도구를 내려놓게 만드는지 살펴보자.

나를 의지하는 마음을 내려놓다

이제 우리 스스로 의로워질 수 있다는 착각에서 벗어날 때가 되었다. 우리가 보이는 최선의 모습조차 하나님의 기준에는 턱없이 모자라다.

한번 솔직히 돌아보라. 스스로 죄의 수렁에서 빠져나온 적이 있는가? 죄의 진흙탕에서 뒹구는 당신을 건져 올려준 것은 당신 자신이 아니라 하나님이시지 않은가?

시편 18편이나 40편을 읽어 본 적이 있는가? (구약도 복음으로 도배가 되어 있다는 걸 아는가?) 상상해 보라. 백성들이 절박하게 부르짖는 소리에 당장 하늘에서 바다가 둘로 갈라질 만큼 엄청난 속도로 날아와 힘센 원수의 지독한 마수에서 우리를 구해 반석 위에 안전하게 올려 주시는 하나님.

계속해서 읽어 보라. 가슴이 마구 벅차오를 것이다.

그런데도 왜 우리는 이토록 교만하고 주제넘게 구는가? 왜 자꾸만 스스로를 구원하려고 하는가? 왜 어리석게도 내면의 악인들과 직접 맞서려고 하는가?

자신에게서 눈을 떼라. 우리는 믿음을 통해 오직 은혜로 구원을 받았다. 따라서 모든 영광은 하나님께만 돌려야 마땅하다. 가장 기본적인 이 진리를 이해하면 더 이상 '자신' 속으로 뛰어들지 않고 주님께로 달려가게 된다. 주님 앞에서 자신의 호주머니를 탈탈 털어 썩은 내가 진동하는 것들을 다 앞에 내려놓고 '주님, 이 더러운 것들을 없애 주세요'라고 말하게 된다. 배우자나 자녀, 상사, 부모가 우리 앞에서 인격이나 태도의 문제점을 지적하면 먼저 주님 앞으로 달려가 도움을 요청하게 된다. '주님, 고쳐 주세요.'

왜냐하면 우리의 만족은 자신의 성과가 아니라 주님의 역사에서 비롯하기 때문이다.

다른 사람의 평가를 내려놓다

다른 사람의 인정에 따라 기분이 널뛰기를 하는 사람들이 참 많다. 칭찬을 들으면 기분이 좋아지는데, 인정을 받지 못하면 불안감과 열등감에 시달린다. 또 자존심을 건드리는 말을 들으면 하루 종일 씩씩거리거나 우울해한다.

하지만 복음이 마음속에 깊이 자리를 잡은 사람은 그렇지 않다. 우리의 인정은 남들(친구나 직장 동료, 경쟁자, 비판자)이 아닌 하나님에게서 온다. 남들의 칭찬은 유통기한이 짧다. 우리에게 정말로 중요한 인정은 언젠가 우리를 심판하실 분의 인정이다. 그런데 그분이 이미 우리를 구속했다고 선포하셨다.

그분의 인정만 받으면 남들의 인정 따위는 필요하지 않다. 따라서 우리는 다른 사람들의 말보다 하나님의 말씀에 더 귀를 기울여야 한다.

하나님이 우리를 구원하고 받아 주셨기 때문에 우리는 겸손과 자신감이라는 두 마리 토끼를 잡을 수 있다. 복음 중심의 삶 속에서는 상반되어 보이는 이 두 가지 특성이 하나로 융합될 수 있다. 겸손의 측면에서 우리는 제멋대로 굴지 않고 옳은 질책 앞에서 자신을 돌아보고 회개할 줄 알아야 한다. 반면, 자신감의 측면에서는 주변 사람들의 말에 휘둘리지 말아야 한다. 사람의 인정을 받기 위해서 말하고 행동하는 것은 크리스천에게 어울리지 않는 자세다. 우리는 이미 확실한 인정을 받았다. 우리에 대한 점수 환산은 끝났다. 이제 우리는 그저 하나님을 사랑하고 섬기고 예배하고 그분 안에서 쉬고 그분의 복을 누릴 뿐이다.

가는 말이 고와야 오는 말이 곱다는 것은 크리스천에게 해당되지 않는다. 우리는 먼저 사랑한다는 말을 듣고 나서 배우자를 사랑해 주지 않는다. 우리에게 가장 중요한 것은 배우자의 인정이 아니다. 배우자가 우리를 슈퍼맨으로 봐 줄 때나, 슈퍼맨이나 할 수 있는 일을 시킬 때나 상관없이 우리는 하나님께 사랑을 받고 있다. 우리의 행동은 배우자의 행동에 따라 달라지지 않는다. 배우자가 아무리 못되게 굴어도 우리는 변함없이 하나님께 순종하고 가족을 위해 옳은 결정을 내린다.

왜냐하면 우리의 만족은 다른 사람이 아니라 주님에게서 비롯하기 때문이다.

세상 쾌락에 대한 집착을 내려놓다

문제는 세상 자체가 아니다. 우리의 자신감이 하늘을 찔렀

다가 바닥을 치기를 반복하는 주된 이유 중 하나는 세상적인 것에서 만족을 얻으려고 하기 때문이다. 하지만 세상적인 것은 결코 참된 만족을 줄 수 없다.

한편, 구속받은 자들은 세상적인 것을 다른 시각으로 바라보아야 한다. '세상 속에' 있는 것이라고 해서 무조건 금해야 할 것은 아니다. 하나님은 모든 사람을 향한 (우리의 죄를 용서하고 복음을 발효시키는 '구원하는 은혜'와 구별하여) '일반 은총'(common grace)을 통해 신자나 불신자나 똑같이 즐길 수 있는 수많은 선물을 주신다.

예를 들어, 음식은 장로교인만이 아니라 이방인에게도 똑같이 맛있다. 몸에 나쁜 음식도 있지만 그것이 꼭 죄를 낳지는 않는다. 음식은 하나님이 영양과 맛을 위해 '만인'에게 주신 선물이다.

성(性)도 마찬가지다. 하나님은 만인에게 성을 선물로 주셨다. 꼭 교인이 돼야만 성을 즐길 수 있는 게 아니다. 꼭 미남미녀만 성을 즐길 수 있는 것도 아니다. 인간이라면 누구나 성을 즐길 수 있다.

술도 하나님의 선한 피조물 가운데 하나다. 술을 약이나 조리용으로 얼마든지 선하게 사용할 수 있다. 그래서 성경은 취하는 것을 금하되 술 자체를 금하지는 않는다.

이처럼 신자나 불신자나 똑같이 세상에 있는 것을 즐기지만 중요한 차이점이 있다.

구원받지 못한 사람(과 구원받지 못한 사람처럼 생각하고 행동하는 자칭 크리스천)은 음식과 성, 술에서 참된 만족을 얻으려고 한다. 하지만 세상적인 만족은 잠시뿐이다. 아무리 비싼 저녁을 먹고 아무리 황홀한 밤을 보내도 아침이면 다시 허전해진다. 여전히 불만족에 시달린다.

하지만 우리 크리스천들은 다르다. 무늬만 크리스천 말고 진정한 크리스천은 분명 다르다. 우리는 복음을 통해 하나님의 선물을 적정한 한계 안에서 즐길 줄 안다.

일반 은총의 선물 하나하나가 우리에게는 하나님의 경이와 긍휼, 영광을 찬양할 기회다. 우리가 이런 복을 즐길 수 있는 것은 궁극적으로 두둑한 월급봉투나 멋진 외모 때문이 아니라 하나님 덕분이다. 이 세상을 이토록 다양한 색채와 맛, 질감, 향기로 꾸미신 분은 바로 하나님이시다. 따라서 우리는 이 아름다운 선물 중 지극히 작은 것을 즐길 때도 언제나 하나님을 예배하고 그분께 감사하며 영광을 돌려야 한다.

복음의 틀 안에서 보면 이런 선물은 그냥 즐기고 말 것이 아니라 이 선물을 통해 하나님께 감사하고 찬양하는 것으로 나아가야 한다.

그럴 때 우리는 그분 안에서 '완전한' 만족을 누린다.

종교를 위한 종교를 내려놓다

복음을 통해 죽여야 할 것 중에서 가장 지긋지긋한 것은 바로 이 '종교를 위한 종교'가 아닐까 싶다. 이놈을 죽였을 때의 후련함은 이루 말할 수 없다.

이 종교라는 놈을 잡아 저녁거리로 만들자.

더 이상 종교에 쫓기거나 겁을 먹지 말자.

종교는 언제나 밖에서 안으로 향한다. '하나님, 당신을 위해 뭔가를 할 테니 저를 위해서도 뭔가를 해 주세요.' 이 얼마나 뻔뻔하고도 어리석은 요구인가.

반면, 복음은 안에서 밖으로 향한다. "너희 안에 계신 그리스도시니 곧 영광의 소망이니라"(골 1:27). 복음을 통해 우리는 새로운 마음과 새로운 욕구, 새로운 사랑을 얻고 새로운 피조물이 된다. 이제 우리 안에 거룩함과 의가 들어왔다. 우리는 안에서부터 거듭났다. 이제 하나님은 우리를 더 이상 기뻐할 수 없을 만큼 기뻐하신다. 따라서 그분의 눈에 더 들려고 애를 쓸 필요가 없다.

이런 시각이 우리의 기도에 어떤 영향을 미치는지 생각해 보라. 물론 기도는 적잖은 인내심을 필요로 한다. 우리 안에서 여전히 게으름의 목소리가 들려온다. 하지만 이제는 기도하는 목적이 달라졌다. 이제 우리는 하나님께 점수를 얻기 위해 기도하지 않는다. 우리가 기도하는 목적은 그분과 더 친밀히 동행하고 그분의 마음에 더 가까워지기 위함이다. 또한 그분께 알려지면 거부를 당할까 무서워 마음 깊은 곳의 창고에 꽁꽁 숨겨 두었던 것을 그분께 더 열어 보이기 위함이다.

우리가 하나님의 말씀을 공부하고, 죄와 싸우고, 이웃과 재물을 나누고, 주변 사람들을 섬기는 이유는 하나님의 사랑을 얻어 내기 위함이 아니다. 우리가 의로운 삶을 살려고 애쓰는 것은 이미 하나님의 사랑을 충분히 받고 있기 때문이다. 하나님은 우리가 복음을 통해 우리 앞에 차려진 복과 기쁨, 달콤함, 풍성함의 만찬을 더 온전히 누리기를 원하신다. 그래서 그분은 자꾸만 우리를 의로운 삶으로 이끄시는 것이다.

이런 삶에 참된 만족이 있다.

한 번만이 아니라 계속해서 살리신다

앞서 읽었던 예레미야 17장의 구절이 기억나는가? 이 말씀에 따르면, 자신을 믿으면 광야와 사막에 이를 뿐이다. 대부분의 성경 말씀이 그렇듯 이 경고에는 약속이 딸려 있다.

"무릇 사람을 믿으며 육신으로 그의 힘을 삼고 마음이 여호와에게서 떠난 그 사람은 저주를 받을 것이라"(렘 17:5). 기억나는가? 이것이 경고를 담은 전반부였다. 하지만 후반부에는 소망과 약속이 담겨 있다. "그러나 무릇 여호와를 의지하며 여호와를 의뢰하는 그 사람은 복을 받을 것이라"(렘 17:7).

자신이 해내지 못한 영역에서 하나님이 해 주신 일, 그리고 자신이 할 수 없는 영역에서 하나님이 하실 수 있는 일을 믿는 자들에 대해 성경은 다음과 같이 말한다.

그는 물가에 심어진 나무가 그 뿌리를 강변에 뻗치고 더위가 올지라도 두려워하지 아니하며 그 잎이 청청하며 가무는 해에도 걱정이 없고 결실이 그치지 아니함 같으리라(렘 17:8).

노아의 방주에서 계시록까지 성경 속에서 이런 특징을 가진 나무로 감람나무를 들 수 있다. 이 나무는 몇 가지 흥미로운 특징으로 유명하다. 그중 한 가지 특징은 배배 꼬인 모양으로 자란다는 것이다. 특히 수백 년이나 천 년 이상 묵은 나무일수록 그렇다. 두껍고 땅딸막하고 햇볕에 거칠어진 줄기는 마치 수많은 사연을 품고 있는 듯 보인다. 사진을 보면 무슨 말인지 이해가 될 것이다.

하지만 감람나무의 가장 놀라운 특징은 땅 위로 나온 부분이 완전히 죽어서 잎이 다 말라 비틀어져 있어도 뿌리는 여전히 강하다는 것이다. 그래서 감람나무는 완전히 썩은 상태에서 되살아날 수도 있다.

복음이 이 감람나무와 같다. 복음은 놀라운 구속의 힘을 품고 있다. 생명의 부활은 가지에서 이루어지지 않는다. 다른 나무들과 접붙여 봐야 소용없다. 생명은 보이지 않는 땅속, 인간의 손길이 미치지 못하는 곳에서 되살아난다.

나아가 감람나무와 달리 복음은 죽은 '뿌리'조차 되살려 낸다. 하나님은 그야말로 우리를 거듭나게 하신다. 그분은 회복할 수 없는 것을 회복하신다. 그분은 부서지고 망가져서 아무런 희망이 없는 죽은 공간에 그분의 생명을 불어넣으신다.

한 번만이 아니라 계속해서, 계속해서 새롭게 하신다.

계속 소생시키신다.

계속해서 구속하신다.

영원한 만족을 주신다.

바로 이것이 복음이다.

02
■ ■

복음,
죄를 슬퍼하게 하다

예수님을 믿으면 더 이상 죄짓지 않게 되는 게 아니라
죄를 지었을 때 그분께로
돌아갈 수 있는 새 마음을 받는다.

밴드나 오케스트라에서 활동해 본 사람이라면 박자를 놓쳤을 때 얼마나 진땀이 흐르는지를 잘 알 것이다. 지휘자에게서 잠시 눈을 떼든지 음표와 쉼표를 잘못 세든지 해서 박자를 놓쳐 버리면 자신의 차례에 제때 들어갈 수 없다.

너무 늦게 들어가면 모든 악기가 힘차게 연주할 때 혼자서만 멍하니 있게 된다. 반대로, 너무 빨리 들어가면 솔로 파트도 아닌 데서 혼자 소리를 내서 연주를 완전히 망쳐 버릴 수도 있다.

우리가 복음의 노래를 부를 때도 박자를 놓칠 수 있다. 작곡자가 원래 의도했던 대로 감사의 노래를 부르지 않고 원래 박자에서 벗어나 혼란에 빠질 수 있다.

예를 들어, 내가 아는 사람들 중에 어릴 적부터 교회에 다니고 열 살 때 세례를 받고 그 뒤로 착하게 살려고 애썼다는 이유만으로 자신을 크리스천으로 보는 사람들이 있다.

물론 착하게 살려고 애쓰는 모습은 참으로 보기 좋다. 하지만 착하다고 해서 무조건 크리스천인 건 아니다. 보수적인 미국 남부 지역에서 태어났다고 해서, 목회자 집안에서 태어났다고 해서, 기독교 국가에서 태어났다고 해서 무조건 크리스천이 되는 건 아니다. 크리스천이 되는 것은 착한 삶이나 믿는 집안 출신과 전혀 상관없다. 게다가 복음에 따르면 "선을 행하는 자는 없나니 하나도 없도다"(롬 3:12). 우리는 답이 아니라 문제일 뿐이다.

이렇듯 우리는 복음의 박자를 놓치고 있다.

그런데 우리가 박자를 놓치고 있는 것은 이 부분만이 아니다. 우리는 반대 측면에서도 하나님의 성품과 복음의 내용을 철저히 오해하고 있다.

우리가 구원을 받을 만큼 착하게 살 수 있을까?

당연히, 그럴 수 없다.

그러면 반대로, 우리가 나쁘게 살면 구원을 잃을까?

죄를 지으면 신자가 불신자로 전락할까?

혹시 이제부터 우리가 아무렇게나 살아도 상관없다는 식의 논리를 펼칠 줄로 생각했다면 오산이다. 예수님은 당시의 농사 용어를 사용하여 "마음이 쉼"을 얻으려면 제멋대로 살지 말고 그분의 "멍에"를 지고 가야 한다고 분명히 말씀하셨다. 그 이유는 이렇다. "이는 내 멍에는 쉽고 내 짐은 가벼움이라"(마 11:29-30 참조).

지난 세월의 경험을 되짚어 보라. 죄의 "멍에"와 "짐"은 처음에는 대수롭지 않아 보일 수 있다. 하지만 시간이 흘러 후회와 죄의 결과가 쌓일수록 그 멍에와 짐은 점점 무거워진다. 죄의 멍에와 짐은 쉽거나 가벼운 것과는 거리가 멀다. 자유와 즐거움은 점차 고단함과 피곤함으로 변해 간다.

혹시 교회의 치유 모임에서 간증을 들어 본 적이 있는가? 차마 입에 올리기도 힘든 죄를 짓고 삶이 완전히 망가졌다는 이야기. 혹시 당신 자신이 그런 이야기의 주인공인가? 정말이지 죄는 유익한 점이 하나도 없다. 그런데 이 죄를 진정으로 뉘우치는 사람이 얼마나 되는가? 하나님의 마음이 풀릴 때까지 한두 주간 근신하며 반성하는 모습을 보이다가 다시 하고 싶은 대로 사는 것을 신앙생활이라고 말하는 사람들이 너무도 많다.

그러나 이것은 결코 옳은 신앙생활이 아니다.

살면서 한 번도 술을 즐기지 않고 수많은 이성을 품어 보지 않으면 뭔가 손해를 본 것 같은가? 그렇다면 그것이 정말로 좋은지 경험해 본 사람들에게 물어보라. 알코올 중독과 성병은 부러워할 만한 것이 전혀 못 된다. 인생의 밑바닥을 뒹굴다가 극적으로 구원을 받은 것이 평범하게 살다가 구원을 받은 것보다 더 좋은 게 결코 아니다.

분명히 말하건대, 죄는 나쁜 것이다.

언제나. 누구에게나.

구원 전이나 후나 죄는 똑같이 나쁜 것이다.

우리가 불협화음을 낸 것은 마음속의 죄, 곧 아담에게서 물려받아 우리 스스로 받아들인 죄 때문이다. 이 죄로 인해 우리는 죽음과 파멸로 치닫고 있었다. 예수님이 개입하시기 전까지는 그랬다. 예수 그리스도의 이름을 믿음으로써 우리는 그분의 의를 선물로 받았다. 그 즉시, 그분은 초자연적인 역사를 통해 우리 마음속에 새로운 노래를 불어넣으셨다. 그리고 우리 앞에 생명과 기뿜, 온갖 복으로 향하는 새 길을 뚫으셨다.

믿음이 우리를 회개로 이끌었다.

예수님이 우리를 변화시키셨다.

하지만 얼마 있지 않아 우리는 다시 천국에 들어갈 걱정을 하기 시작한다. 우리의 죄가 하나님의 구속의 능력보다 크다고 믿기 시작한다. 계속해서 죄를 짓다가는 천국행 철로가 끊길지 모른다는 두려움에 시달린다. 하지만 크리스천의 증거는 완벽이 아니다. 비상식적으로 들릴지 몰라도, 구원받았다는 결정적인 증거 중 하나는 성령의 능력으로 '끊임없이' 회개하고 '끊임없이' 변화되는 것이다.

복음 앞에서 크리스천의 올바른 반응은 지속적인 회개다.

회개, 구속의 살아 있는 열매

'회개' 하면 대부분의 사람들이 지옥 불을 들먹이며 "당장 회개하지 않으면 영원히 지옥에 떨어질 것이다!"라고 외치는 길거리 전도자를 떠올린다.

"회개하라!" 이것은 괴상한 차림의 구약 시대 선지자들이 입에 달고 살았던 말이다. 거친 삼베옷을 입은 선지자들은 뼈만 앙상한 주먹을 공중에서 흔들며 누런 이빨 사이로 거친 목소리를 내뱉었다. "너희 추악한 죄인들아, 회개하라!"

신약의 엘리야라고 할 수 있는 세례 요한도 그랬다. 그의 옷은 낙타 가죽이었다. 머리는 언제 감았는지 정신없이 헝클어져 있었다. 아침 식사로는 메뚜기를 씹어 먹었다. 이런 괴인이 회개하라고 외치고 나서 욕을 퍼붓고 도끼와 독사, 불, 쇠스랑 같은 거친 표현을 쏟아내도 전혀 이상할 게 없었다.

이런 거친 선지자들이 판을 치던 세상에 마침내 예수님이 나타나셨다. 이제 귀 따가운 소리는 그만 들어도 될 것만 같다. 예수님은 만면에 인자한 미소를 띠고 다가와 우리의 등을 토닥이며 부드럽게 말씀하실 것만 같다. "내가 왔으니 이제 걱정하지 마라."

하지만 그런 일은 일어나지 않았다.

예수님은 "하나님의 나라가 가까이 왔으니"라고 선포하실 때 오랫동안 선지자들이 외쳐 온 것과 똑같은 한마디로 마무리를 하셨는데, 단 하나 중요한 차이점이 있었다. 예수님은 그 한마디 뒤에 강력하고도 중요한 말씀을 덧붙이셨다. 이 한마디는 바로 회개를 가능하게 만드는 열쇠다.

"회개하고 복음을 믿으라"(막 1:15).

알다시피 복음은 '좋은 소식'을 의미한다. 그리고 앞서 말했듯이 어두운 공간을 침투해야만 좋은 소식이라고 말할 수 있다. 이를테면 앞서 말했듯이 자신을 믿는 태도, 남들의 인정에 얽매이는 태도, 큰 대가가 따르는 세상에 대한 사랑, 엄격한 종교적 규칙으로 의를 얻으려는 시도 같은 어둡고도 왜곡된 길을 환하게 비춰 주어야 좋은 소식이다.

예수님은 그 옛날 이스라엘에서만이 아니라 지금 이 순간에도 이런 어두운 공간을 향해 말씀하신다.

"회개하고 복음을 믿으라."

회개하고 믿는 것은 단순히 일회적인 사건이 아니다. 물론 복음을 통해 처음으로 죄를 회개하고 예수 그리스도를 믿는 것이 중요하다. 성경에서는 이 사건에 대해 구원과 중생 같은 다양한 용어를 사용한다. 하지만 '회개하고 복음을 믿으라'는 이보다 훨씬 더 광범위한 명령이다. 이것은 우리가 예수 그리스도를 믿은 뒤에도 계속해서 지켜야 할 명령이다. 하나님의 적극적이고도 영원한 은혜를 통해 '회개하고 복음을 믿으라'는 성령 충만한 신자들의 삶 자체가 된다. 이를 통해 우리는 끊임없이 성장하고 새로워진다.

회개하고 복음을 믿으라.

빨아서 다시 입으라.

이것이 이 책의 중심 주제 가운데 하나다. 이것이 그리스도 안에서의 자유를 방해하는 영적 동맥 속의 혈전을 파괴하는 비결이다.

예수님의 제자가 되면 절대 죄를 짓지 않는다고 생각하는 사람들이 의외로 많다. 하지만 그것은 엄연한 착각이다. "만일 우리가 죄가 없다고 말하면 스스로 속이고 또 진리가 우리 속에 있지 아니할 것이요"(요일 1:8). 예수님을 믿으면 죄를 짓지 않는 게 아니라 죄를 지었을 때 그분께로 돌아갈 수 있는 새 마음을 받는다. 이것은 굉장히 큰 차이다.

착하게 살려고 애쓴다고 해서 다 크리스천이 아니다. 세상 사람들도 착하게 살기를 원한다. 세상 사람들도 더 나은 사람이 되기 위해서 외적인 변화를 꾀한다. 하지만 오직 크리스천만이 내면 깊은 곳에서 진정으로 죄를 미워하고 의를 원하며 자신의 문제점을 직시하고 바로잡으려는 새 마음을 받는다. 오직 크리스천만이 진정으로 변화되기를 원한다.

'회개'라는 열매를 보면 이 마음이 진짜인지 알 수 있다. 가지마다 사과가 열린 것을 보아 사과나무라는 것을 알 수 있듯이 마음에서 우러나온 회개는 내면에 참된 믿음이 있다는 분명한 증거다. 회개는 우리가 뼛속까지 주님의 것이라는 사실을 보여 준다. 그렇지 않고서는 깊은 회개까지 나아갈 수 없다.

성경은 이렇게 말한다. "그의 성령을 우리에게 주시므로 우리가 그 안에 거하고 그가 우리 안에 거하시는 줄을 아느니라"(요일 4:13). 이 성령은 "모든 것 곧 하나님의 깊은 것까지도 통달"하고 "하나님의 일도" 이해하며, 우리가 "우리에게 은혜로 주신 것들을" 이해하도록 돕는 분이다(고전 2:10-12 참조).

이 성령은 그분의 말씀, 충성스러운 설교, 철처럼 서로를 날카롭게 하는 교회 안의 관계를 통해 우리에게 복음의 진리와 깨달음을 충만하게 불어넣으신다. 바로 이 성령 덕분에 우리는 스스로 구원받은 자답게 살지 못할 때 깨닫고 회개할 수 있다. 성령은 우리를 꾸준히 옳은 방향으로 이끌기 위해 끊임없이 우리 안에 회개의 열매를 맺게 해 주신다.

회개의 열매를 보면 그 사람이 성령의 것인지를 알 수 있다. 회개는 구속의 살아 있는 열매다.

그렇지만 회개는 그리 간단한 문제가 아니다. 우리 인간은 자신의 필요에 따라 거짓 회개를 하는 데 달인들이기 때문이다. 인간은 안타까워하는 동시에 '진정으로' 안타까워하지는 않을 수 있다. 그렇다면 어떻게 해야 회개가 진짜인지 알 수 있을까? 실제 변화로 이어지는 회개의 특징은 무엇인가?

이번 장의 나머지 부분에서는 이 문제를 집중적으로 다루려고 한다.

죽음을 낳는 세상적 슬픔, 멀리하라

자, 우리가 또다시 죄를 저질렀다고 해 보자. 마음속에서 분노와 죄책감, 수치심, 슬픔이 일어난다. 비난의 목소리들이 아픈 감정을 더욱 헤집어 놓는다. 우리의 영혼이 이 올무에서 벗어나게 해달라고 아우성을 친다. 이젠 정말 포기하고만 싶다.

정말, 정말 안타깝다.

고린도후서 7장 10절은 이 안타까운 감정을 "근심"이라고 부른다. 이 표현은 가까운 사람이 죽었거나 사랑하는 사람을 잃었을 때 느끼는 슬픔에 대해 주로 사용된다. 그런데 죄를 짓고 난 뒤에 느끼는 감정 중에도 분명 슬픔이 포함된다. 죄가 일으키는 감정 중에서 최악은 바로 상실감이다.

당장은 느끼지 못할 수도 있다. 하지만 잠시 후면 우리가 어리석음과 절제력 부족으로 중요한 것을 잃었다는 사실을 절실히 깨닫는다. 시간을 잃는다. 소망을 잃는다. 마음의 평안이나 누군가의 신뢰를 잃는다. 두 달간 쌓아온 절제력의 공든 탑이 무너지면서 자존감을 잃는다. 그와 함께, 기분 좋아야 할 주말을 망쳐 버린다. 분명, 뭔가를 잃는다. 그 상실감을 얼굴에 드러내지 않는 사람도 속으로는 울고 있다.

이것이 이 타락한 행성 속에서 살고 있는 자들의 숙명이다. 우리 모두는 죄를 짓고 그 죄로 인해 슬퍼한다. 정도의 차이야 있겠지만 누구나 죄로 인한 슬픔을 느낀다.

하지만 슬픔이라고 다 같은 슬픔이 아니다.

모든 회개가 복음에서 비롯한 회개는 아니다.

다시 고린도후서 7장을 보면, 슬픔의 다양한 그림자들이 크게 두 범주로 나뉘어 있다. 하나는 경건한 슬픔이고 다른 하나는 세상적인 슬픔이다. 첫 번째 범주의 슬픔은 '후회할 것이 없는' 삶으로 이어진다. 생각해 보라. 후회할 거리가 없는 삶만큼 멋진 삶이 또 있을까? 하지만 죄에 대한 두 번째 범주의 슬픔은 후회할 거리가 없는 삶은커녕 '사망'으로 이어진다.

이제부터 죽음을 낳는 슬픔, 우리가 멀리해야 할 슬픔 몇 가지를 확인해 보자.

수평적인 슬픔

이것은 자신이 저지른 짓에 대해서는 슬퍼하지 않고 그저 붙잡혔다는 사실에 안타까워하는 것이다. 만약 붙잡히지 않았다면 여전히 그 짓을 하고 있을 것이다. 그리고 앞으로도 걸리지 않을 자신이 있다면 또다시 그 짓을 할 것이다. 단, 이번에는 절대 걸리지 않도록 더 신경을 써서 할 것이다.

이것은 악한 슬픔 중 하나로, 그저 자신의 조그만 고통에 대해서만 슬퍼하는 것이다. 이것은 단순히 당장 아내가 화를 내거나 상사에게 불려가거나 청구서가 날아오거나 경찰차가 따라오는 것만을 생각하는 슬픔이다.

이런 경우에도 슬퍼하며 눈물을 흘릴 수 있을까? 물론이다. 그러나 여기서 빠진 것은 하나님이다. 이것은 수직적으로 하나님을 바라보지 않는 수평적인 슬픔이다. 죄가 나쁜 것은 침이 달렸기 때문만이 아니라 그 침에 독이 묻어 있기 때문이다. 하지만 수평적인 슬픔은 속이 썩는다는 생각은 하지 않고 그저 잠시 따끔한 고통에 화를 내는 것이다.

감정적인 슬픔

통곡하면서 죄를 고백하면 진정한 회개처럼 보인다. 하지만 감정만으로 회개가 되지는 않는다. 인간의 감정은 수시로 오락가락하기 때문이다. 감정은 주체할 수 없이 북받쳤다가도 이내 언제 그랬냐는 듯이 가라앉는다. 순간 울컥해서 다시는 하지 않겠다고 결심하지만 시간이 지나면 결심은 흐려진다.

감정만을 변화의 원동력으로 삼으면 열정이 사라지면서 연료는 바닥이 난다. 실제로 변하는 사람과 평생 똑같은 굴레에서 허덕이는 사람의 차이는 진정으로 온전해지길 원하는 마음과 단순히 더러운 기분을 없애려는 마음의 차이다.

수동적인 슬픔

최근 사자를 애완동물로 키우는 남자가 텔레비전에 출연했다. 그는 '정글의 왕'이라는 사자를 마치 강아지처럼 사슬로 묶어 끌고 다녔다. 그런데 갑자기 이 거대한 짐승이 그의 여자친구를 공격했다. 그 바람에 그녀는 큰 상처를 입어 하마터면 죽을 뻔했다. 그 갑작스러운 소동에 모두가 깜짝 놀라 멍하니 서 있었다.

다시 말하지만 이건 사자다. 사자가 사람을 공격했다. 먹이 사슬의 꼭대기에 있는 맹수. 그런데 주위 사람들은 그저 멍하니 서서 소리만 질렀다.

"이 나쁜 사자 같으니! 어서 멈춰!"

"앉아! 가만히 있어!"

죄에 대한 우리의 태도가 이와 같을 때가 많다. 분명, 죄가 우리 자신이나 우리가 아끼는 사람에게 입힌 상처에 대해서 안타까워하기는 한다. 하지만 죄가 생각만큼 사납지는 않다고 생각한다. 잘 감시하면 통제할 수 있을 것만 같다. 별 문제 없어 보인다. 다시는 죄를 짓지 않을 자신이 있다. 조금만 더 신경을 써서

관리하면 괜찮아질 것 같다. 과민반응을 보일 필요까지는 없어 보인다.

그러나 죄는 길들일 수 없다. 죽여야만 한다. 죄는 단순히 종이만 적시고 마는 게 아니라 집안 전체를 쑥대밭으로 만든다. 죄를 다룰 수 있는 유일한 방법은 제거하는 것뿐이다. 죄의 흔적을 사후에 청소하거나 길들이려는 것은 어리석은 짓이다. 슬픔은 죄를 가볍게 여기는 데서 비롯하지만, 변화는 죄를 심각하게 여기는 데서 비롯한다.

엉뚱한 슬픔

이것도 역시 '세상적인 슬픔'의 한 종류다. 이런 사람도 죄를 저질렀다는 사실을 안타까워는 한다. 자신이 잘했다고는 말하지 않는다. 하지만 배우자가 돈을 너무 많이 쓰지 않았다면, 아이들이 말썽을 피우지 않았다면, 직장생활의 스트레스가 너무 심하지 않았다면, 부모가 신앙 문제로 너무 부담감을 주지 않았다면, 그런 짓을 절대 하지 않았을 거라고 생각한다.

하지만 전부 다 핑계일 뿐이다. 죄는 다른 누구도 아닌 우리 자신이 지은 것이다. 물론 남들과 주변 상황이 우리가 죄를 짓는 데 일조할 수는 있지만, 나쁜 생각을 품고 나쁜 행동을 하는 것은 궁극적으로 우리 자신의 선택이다.

하지만 세상적인 슬픔은 자신의 잘못을 진정으로 인정하지 않는다. "기분을 상하게 '했다면' 죄송합니다" 혹은 "제가 잘못한

일이 '있다면' 사과드리겠습니다"와 같은 식으로 은근히 남 탓만
을 한다.

　남에게 죄를 뒤집어씌울 수 있는데 뭣 하러 내가 죄의 결과
를 인정하고 벌을 받는가? 얼마든지 희생양을 찾을 수 있는데 뭣
하러 힘들게 반성을 하는가? 핑곗거리를 찾으면 창피한 꼴도 당
하지 않고 양심의 찔림을 피할 수 있는데 뭣 하러 내 행동에 책임
을 지는가? 이런 태도는 슬픈 가면을 쓴 교만일 뿐이다. 이것이
철저히 세상적인 슬픔이요 우리를 죽이는 독소다.

실제 변화로 이어지는 회개

　이 네 가지 행동(그리고 그 외에 비슷한 행동들)이 불신자들에게
서만 나타나는 건 아니다. 믿는 자들도 얼마든지 쉽게 '세상적 슬
픔'에 빠질 수 있다. 어디 슬픔만 그런가? 우리도 툭하면 온갖 세
상적인 행동을 보인다.

　하지만 분명한 차이점이 있다. 오직 크리스천만이 진정한 변
화로 이어지는 '슬픔'을 경험할 수 있다. 오직 복음만이 우리로 하
여금 헛수고에 귀한 땀과 에너지를 낭비하지 않게 해 줄 수 있다.
오직 구속받은 영혼들에게만 후회 없는 삶에 대한 참된 소망이
있다. 세상 사람들과 달리 크리스천들은 해만 끼치는 슬픔에 갇혀
있지 않기 때문이다. 세상적 슬픔은 매일 우리를 조금씩 죽인다.
죄인이 아닌 척 혹은 자신의 죄가 별 것 아닌 척해 봐야 소용없다.
물론 최소한 눈물을 쫙 쏟고 나면 자신이 그리 나쁜 사람은 아닌

것 같은 기분이 든다.

하지만 죄는 엄연히 나쁜 것이다.

그냥 나쁜 것이 아니라 지독히 나쁘다.

이 사실을 빨리 깨달을수록 그리스도와의 관계가 더 빨리 새로워진다. 물론 그러려면 죄를 회개하고, 약한 부분을 강하게 해달라고 주님께 도움을 요청하는 데까지 나아가야 한다.

회개는 단순한 통과의례가 아니라 평생의 배움이다. 크리스천의 삶의 목표는 회개가 필요 없는 수준에 이르는 것이 아니라 하나님이 그리스도를 통해 옳은 회개를 가능하게 하셨다는 사실을 깨닫는 것이다. 성경에서 이런 회개를 '경건한' 회개로 부른다. 사도 바울은 "진리를 알게"(딤후 2:25) 하는 회개라는 표현을 썼다. 이것은 진정한 변화로 이어지는 회개다. 이것은 내면 깊은 곳에서 우러나오는 회개다. 우리는 약한 가운데서 이 회개를 통해 그리스도의 강한 능력을 믿는 자로 자라날 수 있다.

회개는 창피한 것도 아니요 손해도 아니다. 어차피 우리는 죄인들이다. 회개는 선하신 구속의 하나님이 베푸시는 긍휼이요 은혜다.

죄에 대한 성경적 슬픔은 유익하다

슬픔이 죄와 나쁜 태도의 필연적인 결과이기는 하나 진정한 변화를 가져오기는커녕 우리 자신과 주변 사람들에게 계속해서

해를 끼치는 어리석은 슬픔에 헛된 시간과 에너지를 낭비하지 않기로 결심하자. 강한 척하지도 말고 하나님을 크게 실망시켰다는 생각에 자포자기하지도 말고 이제부터 이 고집스럽고도 연약한 육체의 현실을 올바른 방식으로 다루자.

죄에 대해 우리는 성경적인 슬픔, 경건한 슬픔을 느껴야 한다. 슬픔에 대한 성경적인 태도 몇 가지를 소개한다.[1]

내 죄를 분명히 보게 되다

세상적인 슬픔은 죄의 축소와 자기기만의 달인이다. 물론 죄의 혐오스러운 얼굴을 직시하기란 여간 고통스러운 일이 아니다. 하지만 하나님이 변명과 정당화의 구름을 걷어 우리가 무슨 짓을 저질렀는지 적나라하게 드러내시는 것이 궁극적으로는 긍휼의 역사임을 잊지 말아야 한다.

성경은 "스스로 자랑하기를 자기의 죄악은 드러나지 아니하고 미워함을 받지도"(시 36:2) 않으려고 하는 사람을 악인이라 부른다. 하지만 탕자는 달랐다. 그는 비록 아버지를 떠나 방황했지만 돼지우리에서 스스로 돌이켜 아버지뿐 아니라 하늘에 죄를 지었다는 사실을 깨달은 덕분에 아들의 권리를 잃지 않았다(눅 15:17-18 참조).

하나님의 말씀이 우리에게 이런 역할을 한다. 하나님의 말씀은 수술 칼처럼 우리를 쪼개 안에 있는 것을 드러낸다. MRI처럼 우리 안을 훤히 비춘다. 그 과정에서 작은 점 하나도 놓치지 않는다. 우리의 추악한 것을 하나도 남김없이 다 들추어낸다.

하지만 이것은 결코 기분 나빠할 일이 아니다. 하나님이 우리의 죄를 드러내는 것은 창피를 주려는 게 아니라 구속하시려는 것이다. 이것은 비난과 정죄가 아니라 은혜의 증거다. 하나님은 우리의 병든 부위를 가리키며 우리에게 그분이 필요하다는 사실을 일깨워 주시고 우리를 온전하게 해 주겠다고 말씀하신다.

교회에서 설교를 듣거나 집에서 기도하거나 통근 전철에서 성경을 읽다가 양심의 찔림을 느끼거든 떨쳐내려고 하지 말고 성령의 음성에 귀를 기울이라. 성령이 밝혀 주시는 대로 받아들이라. 그러고 나서 그 죄를 회개함으로 주님 앞에 내려놓으라. 당신을 회복시키실 수 있는 유일한 구속자가 그 죄의 뿌리를 뽑아 주실 것이다.

죄에 대해 비통하게 되다

성경의 인물들은 하나님이 눈을 뜨게 해 주심으로써 자신의 죄가 얼마나 끔찍한지를 깨닫고 참을 수 없는 몸서리와 비통을 느꼈다. 영혼의 비통이야말로 죄에 대한 올바른 반응이다.

이 인물들 중에서 단연 눈에 띄는 인물은 바로 한 바리새인의 집에서 열린 식사 모임에서 예수님께 몰래 다가갔던 창기다. 하염없이 눈물을 흘리던 그녀는 예수님 앞에 무릎을 꿇고 값비싼 향유를 그분의 발에 뿌린 뒤에 자신의 머리카락으로 닦아 냈다.

독선과 자기 의로 똘똘 뭉친 방문객들은 이 여인의 정체를

정확히 알고 있었기에 눈앞의 상황을 도저히 믿을 수 없었다. 점
잖은 분들이 모인 자리에서 천한 창기가 뭘 하는 짓인가. 게다가
예수님은 이 여인을 당장 꾸짖어 쫓아내지 않고 뭐하는 건가. 하
지만 이 여인은 그저 자신이 "죄를 지은 한 여자"(눅 7:37)라는 사실
만을 생각할 뿐이었다. 자신의 죄를 깨닫고 너무 가슴이 아파 주
변 상황 따위는 신경 쓸 겨를이 없었다.

　　우리도 이 여인처럼 자신의 죄를 가감 없이 보게 되면 똑같
은 반응을 보일 수밖에 없다. 믿음, 완전한 포기, 슬픔 그리고 예
배. 그러면 주님은 우리에게도 똑같은 반응을 보여 주실 것이다.
"네 죄 사함을 받았느니라 … 네 믿음이 너를 구원하였으니 평안
히 가라"(눅 7:48, 50).

기꺼이 죄를 고백하게 되다

　　자신의 죄를 보고 슬퍼한 뒤에 나올 수 있는 최악의 반응은
아무도 자신의 정체를 알지 못하도록 죄를 꽁꽁 숨기려고 하는
것이다. 하지만 위선을 들키지 않는 최선의 방법은 아예 위선을
버리는 것이다. 자신의 죄를 사람들에게 솔직히 밝히고, 아울러
문제투성이인 자신을 그리스도처럼 변화시키고 계시는 하나님을
공개적으로 찬양하는 것이 최선의 길이다.

　　여기서 교회의 역할이 중요해진다. 교회는 각자의 고질적인
죄를 털어놓고 서로에게 구주의 필요성을 일깨워 줄 수 있는 곳
이기 때문이다. 침대를 같이 쓰는 사람에게만 우리 자신을 드러

내면 사탄의 먹잇감이 되기 쉽다. 이것이 수많은 사람이 예수님을 영접하고도 죄의 노예 신세에서 벗어나지 못하는 이유 가운데 하나다.

하나님의 구속의 사랑, 다른 이들의 격려와 지원을 거부하고 홀로 서려고 하면 언제 넘어질지 모른다. 배우자나 친구, 가족, 주변 사람들에게 자신의 99퍼센트(대개는 이보다 훨씬 더 적다)를 드러내도 나머지 1퍼센트가 문제를 일으킬 수 있다. 우리는 여전히 뭔가를 열심히 숨기고 있다.

사람들이 우리의 '전부'를 아는 것까지는 바라지 않는다. 하지만 죄에 대해 진정으로 슬퍼한다면 전부 털어놓아야 한다. 수직적으로 하나님께 고백하고 수평적으로 지체들에게 고백해야 한다.

자신이 영성이 깊은 사람인 것처럼 과대광고하고 있는가? 자신이 남들만큼 유혹에 쉽게 넘어가지 않는다는 식으로 말하고 다니는가?

명심하라. 습관적으로 자신을 포장하면 진정한 변화는 기대하지 않는 게 좋다. 하나님과 다른 이들이 도와줄 것을 믿고 죄를 솔직히 인정하면 사탄이 아무리 그 죄를 물고 늘어져도 결코 자기혐오와 자포자기에 빠지지 않는다. 죄를 지었을 때 최선의 행동은 솔직한 인정과 회개다.

죄에 대한 미움과 새 마음을 받다

고린도후서 7장 11절에서 바울은 이렇게 말했다. "보라 하나님의 뜻대로 하게 된 이 근심이 너희로 얼마나 간절하게 하며 얼마나 변증하게 하며 얼마나 분하게 하며."

자신에 대한 이러한 "분"이 수치심으로 발전하면 오히려 같은 실수를 되풀이하는 죽음의 소용돌이에 빠진다. 폭식이나 마약, 게으름, 포르노로 인한 더러운 기분을 떨쳐내기 위해 오히려 그 악에 더 깊이 빠져드는 것이다. 결국 걷잡을 수 없는 지경에 이른다.

하지만 구속자의 품 안에서는 분노로 새빨개진 얼굴이 수치심에 빠지지 않는다. 주님은 우리를 죄와 자기 자신 속으로 더 깊이 빠지게 놔두지 않으시고 우리가 영혼 깊은 곳에서 진정으로 갈망하는 것이 얼마나 아름다운지를 일깨워 주신다.

물론 죄는 축 처진 어깨, 침울한 얼굴, 패배감과 절망감으로 이어질 수 있다. 하지만 시편 기자 다윗에 따르면 우리 주님은 우리의 "머리를 드시는 자"(시 3:3)시다. 주님은 우리의 턱을 들어 올려 눈을 마주치고 부드러운 음성으로 그분이 예비하신 참된 삶으로 돌아오라고 속삭이신다.

결국, 경건한 슬픔은 우리 안에 죄에 대한 '미움'을 일으킨다. 그리고 나서 우리는 하나님께로부터 실제로 죄에서 돌아서기를 원하는 새 마음을 받는다.

그렇다면 그 뒤로는 절대 죄에 끌리지 않을까? 그런 것은 아니다. 유혹의 상황이 찾아오면 자신도 모르게 다시 죄를 향한 욕구가 꿈틀거린다. 하지만 히브리서 12장 2절에 따르면 예수님은 "부끄러움"을 경멸하는 마음으로 십자가로 가셨다. 그분이 살의를 느낄 만큼 미워하신 것 중에는 우리가 죄에 중독되어 느끼는 수치심이 포함되어 있었다. 주님은 죄가 우리에게 안겨 주는 수치심을 미워하신다. 그래서 죽음을 통해 우리에게 이 죄를 이겨 낼 길을 열어 주셨다.

우리의 깊은 곳에 죄를 숨겨 두지 않고 주님의 능력으로 죄를 죽일수록 회개의 기계를 가동할 필요성이 줄어든다. 매번 죄의 쓰디쓴 뒷맛(상처와 고통, 수치심, 상실감)을 지우려고 애쓸 필요 없이 죄의 공격을 미리 예측하여 순종과 자복으로 하나님께 달려갈 수 있다. 우리 자신의 욕망이 아닌 하나님의 명령을 따를 수 있는 것이다.

통제와 안위에 대한 질긴 욕망을 버리라. 외로움이나 거부에 대한 두려움을 주님 앞에 내려놓으라. 근심을 주님께 맡기라. 그러고 나면 내일 아침 기분이 더없이 상쾌해질 것이다.

죄를 짓기 전이나 후, 심지어 죄의 한복판에서도 하나님께 나아가면 그분에 대한 경외감, 감사, 신뢰, 예배, 확신, 자유, 소생을 경험할 수 있다. 가장 후회스러운 과거의 죄, 가장 잊기 어려운 죄, 다시 예전으로 돌아간다면 절대 짓지 않고 싶은 죄, 주님은 그런 실패의 순간조차도 아름다운 결말이요 역전승으로 구속시키실 수 있다. 주님은 오랫동안 우리를 괴롭혀 오던 것을 오히려 그분의 역사를 축하할 이유로 바꿔 주신다.

우리가 할 일은 그저 우리의 구속을 축하하고 우리의 구속자(Redeemer)를 찬양하는 것뿐이다.

지금까지 당신이 할 일은 하나님께 눈도장을 찍는 것이라고 생각했는가? 하지만 수없이 실패만 거듭하다 보니 이제 하나님이 기뻐하시는 사람으로 변할 수 있다는 자신감을 완전히 잃기 직전인가? 그렇다면 "죄인 한 사람이 회개하면 하늘에서는 회개할 것 없는 의인 아흔아홉으로 말미암아 기뻐하는 것보다 더하리라"(눅 15:7)라는 사실을 떠올리라.

그렇다.

우리에게는 심지어 죄와의 싸움조차도 축하할 거리다.

03

복음,
진짜 나를 보게 하다

구원의 유익은 우리 삶의 구석구석까지 광범위하게 미친다.
물론 이것은 복음을 수많은 선택사항 가운데 하나로 취급하는
사람에게는 해당하지 않는다.

예수님은 "회개하고 복음을 믿으라"(막 1:15)라고 말씀하셨다. 복음을 논하는 자리에서 '믿음'이라는 주제는 결코 빠질 수 없다. 무엇이 믿음이고 무엇이 믿음이 아닌지를 분명히 알아야 한다. 지금까지 구속의 육하원칙에 관해서 다양한 해석이 이루어졌지만, 그리스도와 복음에 관한 해석에서 믿음이란 요소가 빠지면 정통 교리라고 말할 수 없다. 구속받은 자(redeemed)에게서 구속자(Redeemer)에게로 흘러가는 진정한 믿음의 흐름이 극히 중요하다. ·

"주 예수를 믿으라 그리하면 너와 네 집이 구원을 받으리라"(행 16:31). 구원의 길은 이토록 단순하다.

하지만 구원의 유익은 우리 삶의 구석구석까지 광범위하게 미친다. 물론 이것은 복음을 수많은 선택사항 가운데 하나로 취급하는 사람들에게는 해당되지 않는 이야기다. 복음을 온갖 다른 카드들과 함께 지갑에 넣고 다니는 사람들에게 복음은 밋밋하고 지루하고 무미건조한 것일 뿐이다. 아이들의 축구 시합과 피아노 레슨 같은 필수사항으로 꽉 찬 스케줄의 맨 밑에 겨우 끼워 넣는 선택사항에 불과하다고나 할까?

하지만 복음을 구석에 처박아 두지 않고 복음 속으로 온몸을 던진다면? 스스로 자기 삶의 수인 자리에서 내려온다면? 세밋 대로 살던 삶에서 돌아선다면? 가끔 생각날 때만 하나님께 겨우 몇 분의 시간을 내어 드리던 모습에서 벗어난다면? 하나님과의 관계가 진정한 삶의 중심점이 된다면? 그러면 복음의 놀라운 위력을 발견하기 시작한다. 믿을 수 없는 일이 벌어진다.

애덤에게 바로 이런 일이 일어났다. 어릴 적에 그는 매주 빠짐없이 교회에 나갔다. 하지만 가정에 불화가 끊이지 않고 부모님이 "이혼"이란 단어를 입에 달고 살다 보니 주일 아침에 교회에 갈 때마다 혼란스러웠다. 부모님이 교회에서 보이는 모습과 집에 돌아와 보이는 모습이 너무나 달랐기 때문이다. 그로 인해 점점 그는 세상적인 음악과 불가지론에 빠져들었다. 아무리 봐도 그런 것이 자신의 눈에 비친 불합리하고 모순으로 가득 찬 현실과 더 잘 맞아떨어졌다. 최소한 그것이 더 솔직하게 느껴졌다.

물론 그렇다고 해서 그가 조금이라도 더 행복해진 것은 아니었다. 복음이 마음속에 들어올 무렵, 그는 마약과 포르노 중독, 근심 걱정, 우울증에 시달리고 있었다. 애덤은 아무리 사랑 많은 하나님도 자신처럼 혐오스러운 죄인은 사랑하실 수 없다는 결론을 내리고 지독한 절망 가운데 뉴욕 시에서 여자친구와 동거를 하고 있었다.

그런데 서서히 서광이 비춰기 시작했다. 구속에 관한 '믿을 수 없는' 진리들이 그의 영혼에 점점 더 깊이 뿌리를 내리기 시작했다. 하나님은 최악의 순간에도 여전히 그를 사랑하셨다. 그분은 그에게 탈출구를 제시하셨다. 성경적으로 옳고 자신감 넘치는 삶으로 가는 탈출구는 바로 회개였다.

그가 처음으로 한 일은 여자친구인 헤더에게 자신이 포르노에 중독되었다는 사실을 고백하고, 믿음의 형제자매에게 순결한 삶을 살 수 있도록 도와달라고 요청한 것이다. 헤더는 교인이 아니라서 그의 말을 제대로 이해하지는 못했다. 하지만 그것이 두 사람을 위하는 길이라 믿고 그의 노력을 묵묵히 지켜보았다.

그런데 어느 날 애덤이 집으로 찾아와 또다시 충격적인 선언을 했다. 앞으로는 그녀와 같이 자지 않겠다는 것이었다. 하나님의 말씀을 읽던 중 그는 혼전성관계가 옳지 않다는 사실을 깨달았다. 그는 혼전성관계가 결혼에 대한 하나님의 목적을 비웃는 짓이며, 그들이 서로 언약의 관계를 맺을 뿐 아니라 둘 다 하나님과 언약의 관계를 맺어야 비로소 둘의 관계가 올바로 선다는 결론을 내렸다.

애덤은 율법주의에 빠져서 그런 게 아니었다. 그는 단지 하나님을 더 깊이 경험하고 싶었을 뿐이다. 그의 마음에는 하나님께 순종하려는 열정이 다시 타올랐다. 아울러 그에게는 여자친구를 위하는 마음도 있었다. 애덤은 이중적인 생활을 하면서 그녀를 죄로 이끄는 사람이 되고 싶지 않았다. 말로는 그녀를 사랑한다고 하면서 무엇이 그녀에게 가장 좋은 길인지는 생각하지 않는 사람이 되고 싶지 않았다.

하지만 헤더가 이 급작스러운 상황을 받아들이지 못할까 봐 걱정스러웠다. 목숨을 버릴 정도로 자신을 사랑하신 하나님이 완전히 새로운 삶을 요구하신다는 사실을 그녀가 이해해 줄지 확신할 수 없었다. 아무래도 너무 급작스러운 일이라 그녀가 감당하기 힘들어 보였다. 갑자기 같은 집에서 살지도 않고 더 이상 같은 침대를 쓰지도 않겠다는 말을 어느 여자가 쉽게 받아들이겠는가.

이건 평범한 사람이 도저히 믿을 수 없는 상황이었다.

헤더가 믿기에는 너무 엄청난 상황이었다.

두 사람은 방바닥에 조용히 앉아 있었다. 누구도 언성을 높이지 않았다. 나가겠다고 짐을 싸는 소동도 벌어지지 않았다. 문을 쾅 닫는 일도 없었다. 대신 헤더는 조용히 애덤의 손을 잡고 두 눈을 지그시 쳐다보며 말했다.

"자기가 하나님을 그토록 원한다면 … 나도 그분을 원해요."

믿을 수 없는 일이었다.

하나님이 구속을 통해 (우리의 믿음과 협력하여) 우리에게 해 주신 일은 정말이지 믿기 힘든 일이다. 비현실처럼 느껴진다. 거짓말 같다. 우리를 향한 하나님의 사랑과 하나님이 우리를 변화시키시는 과정. 이 모두가 참으로 놀랍다.

이번 장에서는 선물 보따리에서 복음의 원칙 두 가지를 풀어 당신의 무릎에 놓으려고 한다. 모든 각도에서 이 선물을 찬찬히 뜯어 보기를 바란다.

이 두 가지 성경적 원칙은 우리의 영적 발을 디딜 튼튼한 영적 기초일 뿐 아니라 나아가 변화를 위한 도약대가 되어 준다.

천국 법정에서 무죄 판결을 받다

칭의(justification, 무죄 판결)는 사실 법률 용어다. 〈CSI:과학수 사대〉처럼 범죄 수사 드라마가 선풍적인 인기를 끌고 있는 요즘 은 이 용어를 모르는 사람이 없다.

현대인들은 법과 정의에 푹 빠져 있다. 만약 애인을 죽인 남 자가 심문받는 모습을 생방송으로 내보낸다면 시청률이 역대 최 고에 이를 것이다.

우리는 큰 사건을 좋아한다. 기자가 비리를 저지른 정치인을 주차장까지 쫓아가 카메라를 들이밀며 뇌물 수수 의혹에 관한 질 문을 던지면 그렇게 시원할 수가 없다. 우리는 영화에서든 뉴스에 서든 악인이 체포되어 끌려가는 장면에 열광한다.

그것은 우리가 법을 이해하는 사람들이기 때문이다. 우리는 공평을 원한다. 진실이 밝혀지길 원한다. 피해자가 억울함을 풀고 가해자가 죄 값을 치르기를 바란다.

우리는 '정의'를 원한다.

그런데 그거 아는가? 바로 복음이 이 정의를 이루어 준다.

그것도 가장 놀라운 방법으로.

성경에서 말하는 칭의의 기본적인 의미는 판사가 망치를 꽝 꽝 내리쳐 우리의 무죄를 선포하는 것을 의미한다. 이것이 좋은 일이기는 하지만 솔직히 너무 좋아서 처음에는 도무지 믿기질 않 는다. 하나님은 어디에나 계신다. 그래서 그 무엇도 그분의 눈을 피해 갈 수 없다. 우리가 칠흑 같은 어둠 속에서 저지른 일도 그분의 책에 낱낱이 기록되고 있다. 그런데 이 확실한 범죄 증거에도 불구하고 우리가 무죄 판결을 받는다고? 그렇다면 혹시 우리가 그분의 눈을 무사히 피해 간 건가?

물론 그것은 재판장이 '우리'가 한 일에 따라 판결을 내리지 않고 무고한 분의 자발적인 희생과 대속에 따라 판결을 내렸기 때문이다(갈 2:16 참조). 우리는 여전히 범법자들이다. 물론 믿음으로 구원을 받아 죄와 싸우려고 애를 쓰지만 그럼에도 불구하고 매일같이 죄를 짓는다. 하지만 우리에게는 '좋은 소식'이 있다. 예수님이 성육신으로 우리에게 오셔서 우리가 받아 마땅한 진노의 잔을 모두 마시셨다! 이 믿을 수 없는 일로 인해 믿을 수 없는 일이 일어났다. 하나님이 그리스도의 모든 무고와 의, 완벽을 우리에게 전가시키신 것이다(우리의 것으로 여기셨다).

덕분에 우리는 비극적인 결말을 기적적으로 모면했다. 이것은 단순한 이론이나 신학의 차원이 아니다. 영적 망상이나 거짓 희망도 아니다. 남들보다 착하게 살려고 애써야 한다는 조건이 딸린 것도 아니다. 그리스도의 부활은 그분의 약속이 진실하고, 그분께 정말로 죽음을 이길 권세가 있으며, 우리 죄를 위한 그분의 대속이 이루어졌다는 확실한 증거다.

우리는 하나님 앞에서 의로워졌다. 완전한 사면을 받고 의를 입었다. 믿을 수 없을 만큼 좋은 복음의 정의가 이루어졌다. 그것도 전혀 자격 없는 우리에게.

하지만 놀라기는 아직 이르다. 이것이 전부가 아니다.

하나님의 아들딸로서 온전히 사랑받다

간증을 들어 보거나 자신의 마음속을 찬찬히 들여다보면 우리 대부분은 하나님이 우리의 죄를 용서하셨다는 사실을 받아들이고 있다. 우리는 십자가를 볼 줄 안다. 그리고 그 의미도 잘 안다. 우리에게 자격이 없다는 사실을 알고 감사함으로 그분의 은혜를 받아들인다. 우리를 의인으로 삼아 주신 하나님께 감사한다. 우리를 흠 없이 순결한 자로 봐 주시는 그분께 감사한다.

그런데 우리가 의인이 되는 순간, 또 다른 일이 동시에 일어난다. 칭의 외에 뭔가가 일어난다. 이 두 가지 일은 한 순간에 이루어진다. 이 두 사건 사이에는 시간적인 틈이 전혀 없다. 하지만 경험적인 측면에서 보면 복음의 선물 꾸러미 중 이 측면을 실제로 느끼기까지는 몇 년, 심지어 평생이 걸리기까지 한다.

로마서 8장 15-17절은 이 측면을 이렇게 정의한다.

* 우리는 양자의 영을 받았다.
* 이제 우리는 하나님의 자녀다.
* 자녀면 또한 상속자 곧 하나님의 상속자다.
* 그리스도와 함께한 상속자다.

우리(매트와 마이클)는 둘 다 아버지다. 우리는 갓 태어난 아기를 품에 안아 본 적이 있다. 그 순간, 그 아이를 보호하기 위해서라면 목숨까지도 내어 놓을 수 있다는(혹은 남의 목숨을 위협할 수도 있나는) 것을 깨달았다.

생각해 보라. 그 아이가 처음 우리 품에 안겼을 때 우리를 위해 해 준 일은 하나도 없다. 오히려 그때까지 우리, 특히 우리 아내들을 힘들게만 했을 뿐이다. 하지만 그 고통을 곁에서 지켜본 우리도 여간 고통스러운 게 아니었다. 그 아이 때문에 수없이 밤잠을 설쳤다. 돈도 이만저만 들어간 게 아니다. 아기 용품을 사고 조립하느라 황금 같은 주말을 몇 번이나 반납했는지 모른다. 이 아이는 아직 우리에게 사랑한다는 말 한마디도 해 주지 않았고 학교에서 상장을 받아 온 적도 없었다. 아직 우리에게 카네이션 한 번 달아 준 적도 없었다.

그런데도 우리는 이 아이를 이미 사랑했다.

이 아이는 우리의 아이였다. 그래서 특별했다.

이렇게 우리는 아버지로서 이 순수한 사랑을 경험했으면서도 정작 하늘 아버지의 사랑을 의심할 때가 많다. 하늘 아버지가 우리가 우리 자녀를 사랑했던 것처럼, 아니 그 이상으로 우리를 사랑하고 기뻐하고 자랑스러워하신다는 사실을 잘 믿지 못할 때가 너무도 많다.

이것은 그만큼 믿을 수 없는 일이다. 하나님은 단순히 우리를 봐 주신 게 아니라 새로운 정체성까지 주셨다. 그분은 우리의 재판장만이 아니라 우리의 아버지가 되어 주셨다.

물론 사람에 따라 이것이 당장 좋은 소식으로 느껴지지 않을 수도 있다. 예를 들면, 두 살 때부터 아버지 없이 자란 클라리사 같은 경우가 그렇다. 클라리사는 7학년이 되어서 직접 수소문에 나선 뒤에야 처음으로 아버지와 연락이 닿을 수 있었다. 그녀는 아버지와 연락을 주고받으며 아버지의 생김새와 버릇을 비롯해서 아버지의 마음속에 자신이 얼마큼 자리를 차지하고 있는지를 하나씩 알아갔다. 난생처음으로 누군가의 딸이라는 사실을 실감하면서 얼마나 기쁘고 행복했는지 모른다.

하지만 만난 지 6개월 만에, 그러니까 8학년에 올라간 직후 아버지에게서 가슴 아픈 편지를 받았다. 딸을 만나기로 한 것이 실수였다는 내용이었다. 할 일이 많은 아버지에게 딸과의 새로운 관계는 거추장스러운 혹에 불과했던 것이다. 처음에는 얼떨결에 딸을 만났지만 점점 부담스러워졌다고 했다.

"안녕, 딸아! 영원히 안녕!"

아이들은 꿈과 상상력이 풍부하다. 어른들은 쉽게 희망을 버리지만 아이들 마음속에는 어떤 상황에서도 희망의 자리가 있다. 클라리사도 마찬가지였다. 아버지를 만나기 전까지 그녀는 항상 아버지를 그리워했다. 언젠가 아버지가 백마를 타고 달려와 공허한 삶에서 자신을 구해 줄 날을 꿈꾸었다. 그런데 현실 속의 아버지는 자기 곁을 그냥 스쳐 지나갔다. 현실과 동화는 너무도 달랐다. 공주를 구하러 오는 왕자는 없었다. 잠깐의 행복이 막을 내리고 나자 그녀의 삶은 더 어두운 악몽 속으로 빠져들었다. 분노, 미움, 상실감, 자포자기, 마약, 중퇴, 임신, 자살 시도.

하지만 그녀가 구속받은 딸로서 깨달은 사실, 지금도 하나님이 모든 신자에게 가르치고 계신 사실은 죄로 망가진 육신의 아버지가 우리를 버려도 하나님이 우리의 완벽한 아버지가 되어 주신다는 것이다. 하나님은 우리를 구속하기 위해 우리의 삶 속으로 들어오셨다. 심지어 하나님은 우리를 사랑하려고 애쓰는 좋은 아버지로부터도 우리를 구속해 주신다. 그 아버지의 사랑이 아무리 깊어도 하늘 아버지의 사랑을 따라갈 수 없다.

하나님은 자녀 된 우리를 완벽한 사랑으로 사랑해 주신다.

하늘의 왕이요 만물의 통치자이며 온 땅의 재판관이신 하나님의 아들딸, 이것이 우리의 정체성이다. 이 엄청난 분이 우리의 아버지시다.

이 사실이 믿기질 않는가? 진짜로 느껴지질 않는가? 그래서 하나님은 우리가 이 진리를 진정으로 이해할 수 있는 길을 마련해 주셨다. 여태껏 사람들에게 외면을 당해 왔는가? 환멸에 사로잡혀 살아왔는가? 배신을 당했는가? 학대를 당했는가?

하나님은 그런 우리에게 새로운 정체성을 주셨을 뿐 아니라 그분의 영까지 함께 주셨다. 이 양자의 영은 "우리가 하나님의 자녀인 것을 증언"(롬 8:16)하신다.

어둠 속에서도 성령이 증언하신다

오늘 아침에 4킬로미터를 달리거나 역기를 열심히 들거나 테니스 세 게임을 하고 나서 아침 식사로 닭 가슴살을 먹은 사람이라면 몸 상태에 대해 꽤 자신이 있을 것이다. 왜 그런가? 오늘 아침의 운동과 다이어트가 몸을 소중히 여기고 건강을 챙기는 사람이라는 그의 정체성을 '증언'해 주기 때문이다.

하지만 운동과 다이어트를 열심히 하지 않는 사람은? 매일 헬스클럽에 가고 끼니마다 음식 칼로리를 계산하지 않는 사람은? 점심시간에 샌드위치를 반만 먹고 나머지는 나중에 먹으려고 포장해 가지 않는 사람은?

우리가 스스로를 하나님의 자녀로 여기지 못하고 그분의 사랑을 느끼거나 받아들이지 못하는 것은 무엇보다도 우리가 성경에서 명령하는 대로 살지 못하기 때문이다. 우리는 그리스도를 닮은 삶, 하나님의 가족다운 삶을 살지 못할 때가 많다. 우리는 하나님이 원하시는 기쁨과 확신, 안정, 만족의 삶에서 자꾸만 이탈한다. 우리의 삶은 성령의 증언과 어긋날 때가 너무도 많다. 그래서 우리에게는 그분의 자녀가 아닌 것 같다는 생각이 수시로 든다.

물론 자신이 완벽하게 주님을 따르고 있다고 자신 있게 말할 수 있는 사람은 아무도 없다. 우리의 삶은 마음 같지 않을 때가 많다. 그래서 회개는 복음대로 살기 위한 필수 요소다. 하지만 과연 복음대로 살기를 진짜 원하는가? 우리의 마음이 순종과 믿음 쪽으로 향해 있는가? 자신의 고집스러운 의지를 꺾고 옳은 길로 가고 싶은가? 사실, 우리가 자기 자신과 그토록 치열하게 싸우는 것은 주님을 제대로 따르고 싶어서다.

잠언 24장에서는 "의인은 일곱 번 넘어질지라도"라고 말한

다. 이것은 아무리 믿는 자라도 가끔 고꾸라질 수밖에 없다는 뜻
이다. 때로는 연속으로 넘어지기도 한다. 하지만 믿지 않는 자와
는 중요한 차이점이 있다. 하나님의 아들딸은 비록 온몸에 멍이
들었어도 끝내 "다시 일어"(잠 24:16)선다. 물론 당장 일어서지 못하
고 잠시 기어 다닐 수는 있다. 그러나 우리의 눈은 앞을 바라보고
우리의 마음은 이미 뛰고 있다. 우리는 아무리 넘어져도 변함없이
"믿음의 주요 또 온전하게 하시는 이인 예수를 바라"(히 12:2)본다.

　　다시 일어나서 주님을 좇는 경우가 많아질수록 성령이 "우
리의 영과 더불어"(롬 8:16) 우리가 하나님의 자녀라는 사실을 더욱
확실히 증언하신다.

　　한번 당신의 마음속을 솔직히 들여다보라. 하나님을 따르고
싶은 마음이 전혀 없는가? 하나님이 아버지로 생각되지 않는가?
하나님의 말씀대로 따르고 싶은 생각이 없는가? 그렇다면 당신이
정말로 구원을 받았는지 진지하게 고민해 보라. 왜냐하면 야속하
게 들릴지 몰라도 하나님은 만인의 아버지는 아니시기 때문이다.
우리 모두가 그분의 자녀는 아니다. 시상식에서 그분의 이름을 언
급하는 사람들에게는 미안한 얘기지만 그분의 이름을 입에 올린
다고 해서 모두가 크리스천은 아니다. 하나님은 만인의 창조주시
지만 오직 복음을 통해 구속받은 자들에게만 아버지가 되신다. 은
혜를 통해 영원한 가족으로 입양된 자들만이 그분을 아버지라 부
를 수 있다.

　　하늘 아버지께 순종하고 싶은 마음이 있는가? 가끔 하나님

의 신실하심을 의심하고 제멋대로 굴 때도 있지만 늘 그분의 뜻
을 바라보고 있는가? 그렇다면 그것은 당신이 양자의 영을 느끼
고 있는 것이다. 양자의 영은 당신을 가까이 끌어당겨 당신의 상
처를 들어 주신다. 그리고 귀에 거슬리는 진실을 솔직히 말씀하시
되 동시에 은혜와 용기를 불어넣으신다. 성령은 부드러운 손길로
당신을 옳은 길로 다시 끌고 오셔서, 그 뒤에도 당신이 계속해서
그 길로 걷고 있는지 늘 지켜보신다.

　궁극적으로 하나님은 자녀인 우리를 믿을 수 없이 좋은 곳
으로 이끌고 계신다. 언젠가 아버지 하나님이 만물을 새롭게 하실
것이다. 죄가 세상에 들어오기 전에 존재했던 완벽한 평안과 만
족이 다시 찾아올 것이다. 그날 우리는 병들지도 지치지도 늙지도
않는 몸, 깜박하고 버스에 짐을 두고 내리지 않는 부활한 몸을 받
을 것이다. 보톡스, 유방암 검사, 전립선 검사, 위장약, 안경이 전
혀 필요하지 않은 세상이 올 것이다.

　하지만 우리가 그토록 원하던 몸을 얻고 상상할 수 없을 만
큼 아름답고 완벽한 곳에서 사는 것보다 더 좋은 사실은 하나님
이 우리에게 그분 자신을 주신다는 것이다. 복의 근원이 모든 복
을 다 합친 것보다 수천만 배 더 귀하고 좋다. 그 복의 근원이신
"아빠 아버지"를 보고 그분과 영원하고도 완벽한 관계를 누릴 것
이다. 이것이 하나님의 자녀를 위해 예비된 유산이다. 이것이 복
음을 통해 우리가 얻은 정체성이다. 우리는 그리스도와 공동 상
속자다.

114

단, 조건이 하나 있다. "우리가 그와 함께 영광을 받기 위하여 고난도 함께 받아야 할 것이니라"(롬 8:17).

잠깐만, 고난도 함께 받아야 한다고? 이 구절 전까지는 분위기가 좋았다. 그리스도의 의를 입고 하나님의 자녀로 입양된다니 얼마나 경사인가. 그런데 갑자기 웬 고난인가? 전혀 좋은 소식처럼 들리지 않는다.

하지만 좋은 소식, 맞다.

우리는 성경이 이 망가진 세상의 더럽고 힘겹고 고통스러운 현실을 얼버무리지 않는 것에 감사해야 한다. 하나님의 말씀은 정직하다. 하나님은 언제나 진실만을 말씀하신다. 그분의 말씀에 따르면 그분의 자녀라도 과거의 고통스러운 기억뿐 아니라 현재와 미래의 새로운 난관을 마주해야만 한다. 상실감과 아픔, 슬픔, 오해에서 완전히 자유로운 사람은 아무도 없다. 사실, 예수님을 따르는 길은 고난이 없는 길이 아니라 오히려 가시밭길이다. 예수님도 이 땅에서 사역하실 때 수많은 고초와 반대를 겪으셨다.

이것이 죄가 이 땅의 삶에 미친 악영향이다.

이것이 우리가 물려받은 잔인한 유산이다.

그러나 이 어두운 영혼의 밤은 오히려 그분께로 더 가까이 다가갈 기회가 될 수 있다. 이 어둔 밤에 성령은 우리에게 아버지의 사랑과 신실하심을 더욱 분명히 증언하신다. 하나님이 "너희가 여러 가지 시험을 당하거든 온전히 기쁘게 여기라"(약 1:2)라고 말씀하신 것은 고통 중에 가장 중요한 역사를 행하시기 때문이다.

고난 중에서만큼 하나님의 필요성을 절실히 느끼는 때도 없다. 하나님은 이 악과 고통을 일으키시지는 않되 가장 어두운 시간에도 가장 밝고 아름다운 구속의 열매를 맺어 주실 수 있다.

　하나님은 우리를 절대 버리지 않는 아버지시다. 그분은 우리를 지극히 사랑하사 그분의 이름을 주셨으며 그리스도 안에서 우리에게 새로운 정체성을 불어넣으셨다. 또한 그분은 우리의 재판장으로서 주 예수 그리스도의 대속의 희생을 통해 우리에게 완전 무죄와 해방을 선포하셨다.

　그래서 우리는 천국의 법정에서 의인이 되었다.

　그리고 하나님의 하늘 가족으로 입양되었다.

　이 두 가지 놀라운 사실로 인해, 오랫동안 우리를 넘어뜨렸던 죄를 비롯해서 모든 장애물을 뚫고 나갈 소망이 생겼다. 이제 우리는 세상에 강하게 맞설 수 있다.

　우리는 세상을 이길 수 있다.

　이제 우리는 변화될 수 있다.

04

복음,
매일 하나님께로
방향을 돌리게 하다

우리는 여전히 성장해 가는 중이다.
아직도 복음대로 사는 법을 배워 가는 중이다.
그런데 왜 남들 앞에서 완벽한 척을 하는가?

당신이 다른 동네로 이사를 갔다고 해 보자. 전에 살던 곳에서 그리 멀지 않은 동네다. 새집에 가려면 예전과 같은 길을 따라 똑같은 풍경과 건물들을 지나가야 한다. 하지만 이제 직장이나 교회, 친구들과의 모임에서 돌아올 때 한 교차로에서 예전처럼 좌회전이 아닌 우회전을 해야 한다.

처음 몇 주간은 새로운 방향으로 가는 것이 익숙하지 않다. 오랫동안 그 교차로에서 좌회전을 했더니 어느새 몸에 익어 버렸다. 가끔 딴생각을 하거나 한눈을 팔면 자신도 모르게 예전처럼 좌회전 차선에 서 있고 심지어 좌측 길로 몇 블록을 가서야 정신을 차린다. 그래서 얼마 동안은 그 교차로에 이르기 전에 정신을 똑바로 차려야 한다. 몸에 붙은 버릇을 의식적으로 떨쳐내야 한다.

왜냐하면 이제 주소가 바뀌었기 때문이다.

더 이상 저 동네에서 살지 않기 때문이다.

이 단순한 비유는 복음의 중요한 측면 중 하나인 성령의 변화시키는 역사를 잘 설명해 준다. 하나님의 은혜와 긍휼로 예수님을 영접하면 우리는 의로워진다. 그 즉시 하늘의 대법원에서 우리의 무죄를 선포한다. 동시에 우리는 왕의 가족으로 입양되어 자녀로서 사랑을 받는다. 이 두 가지 놀라운 변화로 인해 하나님 앞에서 우리의 영적 위치는 더없이 공고해진다. 이제 그 누구도 그 무엇도 우리를 이 위치에서 끌어내릴 수 없다. 우리는 예수 그리스도라는 반석 위에 깊이 뿌리를 내린다.

그런데 하늘 아버지는 우리의 기초와 미래가 영원히 확고해지는 것만으로 만족하시지 않는다. 하나님은 그분의 자녀가 점점 더 거룩한 삶으로 나아감으로써 지고한 기쁨과 행복을 맛보기를 원하신다. 하나님은 우리가 '거룩한 지위'(positional holiness)를 넘어 '거룩한 삶'(manifest holiness)으로 나아가길 원하신다. 하나님은 우리가 금요일 오후 5시에도, 평소 친구들과 어울릴 때도, 집안에 혼자 있을 때도, 즉 언제 어디서나 거룩하기를 원하신다.

좋은 소식이 있다. 복음이 이 문제도 다루고 있다는 것이다.

하지만 칭의와 입양이라는 즉각적인 선물과 달리 이 복음의 보너스는 일회적인 선언이 아니라 긴 과정이다.

이스라엘 자손들을 생각해 보라. 출애굽기에서 여호수아의 초반부까지 이스라엘의 역사를 보라. 하나님은 일련의 기적과 유월절 피를 통해 이스라엘 백성들을 종살이에서 해방시키셨다. 하나님이 모세와 재앙들, 홍해의 갈라짐, 바로의 항복을 통해 그분의 뜻을 펼치신 덕분에 그분의 백성들은 타오르는 애굽 사막에서의 오랜 종살이를 뒤로 한 채 자유의 땅으로 떠났다.

그러나 다음 기착지는 약속의 땅이 아니라 광야였다. "네 마음이 어떠한지"(신 8:2), 또 하나님의 사랑 가득한 돌보심이 얼마나 귀한지를 깨우쳐 주기 위한 40년간의 시험과 성장이 시작되었다. 우리 삶 속에서도 똑같은 성장이 일어난다. 애굽에서 가나안으로. 회심에서 천국으로.

성화. 이것은 우리가 회복해야 할 또 다른 복음의 단어다.

성화는 오직 그리스도의 의를 입고 하나님의 가족으로 입양된 자녀만을 위한 것이다. 구원을 받지 않은 사람은 아무리 착하게 살아도 멸망의 길로 달려가고 있을 뿐이다. 하지만 주님과 함께하면 그분의 사랑이 우리를 끊임없이 변화와 구속으로 이끈다. 그래서 우리는 그분의 은혜로 이미 완전히 이루어진 의를 일상 속에서 경험할 수 있다. 하늘에서 내려오는 소망의 빛이 우리로 하여금 날마다 더 의의 길을 걷게 만든다.

성화의 약속을 통해서 보면, 도저히 감당할 수 없는 시험이 영적 근육을 강화하기 위한 운동으로 변한다. 복음은 우리를 구원한 뒤에도 계속해서 우리로 하여금 아버지의 사랑과 지혜, 보호, 복을 믿고 그분의 이끄심에 순종하게 만든다.

성화는 우리가 값없이 받는 선물이라기보다는 적극적으로 동참해야 하는 일이다. 다시 말해, 성화는 칭의나 입양처럼 하나님이 혼자 해 주시는 역사가 아니라 우리의 적극적인 협력을 통해 진행되는 과정이다. 성화를 이루려면 우리도 '은혜가 이끄는 노력'이라는 것을 발휘해야 한다.

방향등을 제대로 켰는가?

여태껏 잘못된 방향으로 돌았던 곳에서 옳은 방향으로 돌기 위해 애를 쓰고 있는가?

목숨을 걸 만한 가치가 있는 훈련

이 책을 지금까지 읽고 있다면 '옳은 방향으로 돌기'를 누구보다도 바라는 사람이다. 그런데 아무리 옳은 길로 가고 싶다고 해도 옳은 쪽으로 방향을 돌리기란 그리 쉽지 않다. 특히 처음에는 정말 어렵다. 하나님의 방향으로 가는 것은 저절로 이루어지지 않는다. 피나는 노력이 필요하다. 희생이 필요하다. 다른 방향으로 갈 때 훨씬 더 좋은 곳이 나올 것이라는 굳은 확신이 필요하다.

하지만 이 삶은 목숨을 걸 만한 삶이다. 그래서 모든 노력을 쏟아 부을 만한 가치가 있다.

여기서 성화가 무엇인지를 장황하게 논하지는 않을 것이다. 곧바로 본론으로 들어가 성화가 어떻게 이루어지는지를 살필 것이다. 그에 앞서 두 가지 단어를 정의하고 넘어가자.

성화는 기본적으로 이 두 가지 요소로 이루어진다. 그것은 바로 '살림'(vivification)과 '죽임'(mortification)이다.

살림 _늘 예수님을 생각함으로 마음을 살리라

말 그대로 이것은 살린다는 뜻이다. 골로새서 3장에 따르면 우리가 영적으로 땅의 것이 아닌 위의 것을 찾거나 생각할 때, 우리의 영혼이 지금 이 순간 그리스도와 함께 하나님 안에 감추어졌다는 사실을 깊이 묵상할 때, 이 일이 일어나기 시작한다(1-3절 참조).

성경은 우리가 온갖 죄와 근시안적인 가치로 물든 "이 세대를 본받지"(롬 12:2) 않고 자신의 생각을 "사로잡아"(고후 10:5) "마음을 새롭게 함으로 변화를"(롬 12:2) 받을 수 있다고 말한다. 우리는 거짓말과 왜곡을 믿는 대신 복음의 진리를 믿기로 선택할 수 있다. 오늘 소셜미디어에서 오가는 말은 내일이면 또 달라지지만 복음의 진리는 영원하다.

새로운 것을 생각하고, 참된 것을 생각하라는 말이다. 살림이 시작되는 곳은 바로 마음속이기 때문이다. 하나님과 우리 자신에 관한 영원한 진실을 골똘히 생각하면 우리의 삶이 통제 불능으로 날뛰지 않고 진리와 일직선을 이룬다. 그래서 그 진리에 따라 행동함으로써 하나님께 영광을 돌리고 우리 스스로도 유익을 거둘 수 있다.

살림은 예수님을 향한 사랑과 감사를 일으키는 새로운 생각들로 우리 자신을 꽉 채우는 동시에 허튼소리나 나쁜 조언, 뜬소문, 어리석은 미신, 사악한 비난 같은 세상의 소음에 대해 마음의 귀를 닫는 것이다. 술 광고와 저질 영화부터 세상적인 근심과 탐욕의 소리까지 온갖 불경한 영향력을 차단해야만 한다.

이것이 신자들의 일상에서 하나님의 말씀이 그토록 중요한 이유다. 아침에 성경책을 닫는 순간부터 우리는 그 안의 진리와 가르침에 대적하는 세상 속으로 들어간다. 그래서 하나님의 메시지를 마음 깊이 새겨서 늘 기억하고 묵상하지 않으면 거짓되거나 단순히 흥미로운 것에서 참되고 옳은 것을 분간해 낼 수 없다. 그러면 패배하는 삶을 살 수밖에 없는 것이다.

정신을 똑바로 차리지 않으면 수만 가지 잡생각에 빠져 길을 잃는다. 오직 예수님만을 생각하도록 훈련된 마음일 때만 집까지 무사히 이를 수 있다.

죽임 _한눈을 팔게 만드는 방해물을 죽이라

'살림'이 생명을 일으키기 위해 정원에 뿌리는 비료라면 '죽임'은 잡초를 뽑는 일이다. 둘 중 하나라도 빠지면 좋은 열매를 맺을 수 없다. 영적 토양에 성경 구절과 설교 노트만 뿌리고 하나님 말씀의 진리에 속하지 않은 악한 태도와 행동을 적극적으로 뽑아내지 않으면 그 토양은 걷잡을 수 없이 지저분해지고 영양분이 다 빠져나간다. 그래서는 결코 마음에 드는 열매를 거둘 수 없다.

우리 안에는 죽여야 할 것들이 있다(골 3:5 참조). 밖으로 끄집어내서 발로 사정없이 밟아 버려야 할 것들이 있다. 평소에는 폭력적이어선 안 되겠지만, 우리는 영적 자유를 앗아가는 침입자들을 너무 부드럽게 대할 때가 많다. 그리고 그것들이 다시 땅 위로 뚫고 나오지 못하도록 얼마든지 막을 수 있다고 생각할 때가 많은데, 그것은 지나친 자신감이다.

건강한 죄는 오직 죽은 죄밖에 없다. 이 쓰레기를 방치해 둔 시간이 길어질수록, 이 사자를 죽이지 않고 놔둘수록 익숙했던 옛 방향에서 눈을 떼는 데 더 오래 걸린다. 그 교차로에 설 때마다 예전에 살던 동네 쪽으로 눈길이 가는 건 어쩔 수 없다. 하지만 그때마다 마음을 다잡고 새로운 집 쪽으로 눈을 돌려야 한다. 그리고 새로운 집 쪽으로 방향을 돌려야 한다.

성경은 뽑아서 태워 버려야 할 것들을 정확히 찾아내도록 도와준다. "음란과 부정과 사욕과 악한 정욕과 탐심 … 분함과 노여움과 악의와 비방과 너희 입의 부끄러운 말"(골 3:5,8). 흑백이 분명히 가려진다.

또한 성화 과정이 진행되면서 신앙이 깊어지면 꼭 도덕적으로 그릇된 것이 아니더라도 개인적으로 자신에게 해로운 행동이나 환경, 습관, 취미에 대한 경계심이 일어난다. 그리고 그런 것을 죽일 능력도 함께 생긴다.

예를 들어, 성경에 토요일 밤늦게까지 자지 않는 것이나 복권 구입, 방황했던 시절을 그리워하게 만드는 음악, 꼭 필요하지 않은 물품의 충동구매를 금하는 구절은 없다. 하지만 이런 것이 그리스도를 향한 우리의 열정을 방해할 수 있다. 이런 것에 빠지면 이기주의와 타협으로 흐르기 쉽다. 이런 것을 가까이 하기만 해도 정결한 삶의 의지가 흐려지고 영적인 열정의 날이 무뎌질 수 있다.

따라서 그리스도를 따르는 일에서 우리의 마음이 '살아 있기' 위해서는 한눈을 팔게 만드는 방해물을 '죽여야' 한다. 물론 지나치다는 말을 들을 수도 있다. 주변에서 결벽증이라는 소리를 들을 수도 있다. 그러나 무엇이 더 중요한가? 토요일 밤늦게까지 텔레비전을 보는 것과 주일 예배를 위해 토요일에 마음을 정돈하며 일찍 잠자리에 드는 것. 평소처럼 불건전한 사이트를 한두 군데 들르는 것과 치어리더 사진을 다시 클릭하지 않기로 결심하는 것. 무엇이 더 유익한가?

살림. 죽임. 이것은 말 그대로 삶과 죽음의 문제다. 이 둘은 하나로 합쳐져 하나님의 훈련 과정을 이룬다. 이 과정을 통해 우리는 복음을 신학 교실에서 삶의 현장으로 옮길 수 있다. 이 둘은 예수님을 향한 열정을 키워 주는 동시에 그분에게서 한눈을 팔게 만드는 모든 것을 제거하기 위한 훈련 장비다.

죄의 잡초, 뿌리까지 뽑으라

회개에 올바른 회개와 그릇된 회개가 있는 것처럼 성화의 과정에 대해서도 효과적인 방법과 비효과적인 방법이 있다. 이스라엘 백성들이 애굽에서 가나안에 이르는 길을 꼬박 한 세대가 걸릴 정도로 돌고 돌았던 것처럼 우리가 자발적이고도 전적으로 협력하지 않으면 성화의 길도 달팽이 걸음처럼 지지부진해질 수밖에 없다. 물론 하나님은 참을성이 많으시다. 그분은 변함없이 우리 안에서 역사해 주실 것이다. 그렇지만 우리 스스로 노력하지 않으면 이 과정이 자꾸만 삐거덕거릴 수밖에 없다.

성화의 속도를 늦추는 요인 중 하나는 죄의 '풀'을 뿌리까지 뽑지 않고 겉에서 잎만 잘라내는 것이다. 우리가 오랫동안 살펴보니 이런 미봉책이 가장 자주 나타나는 영역은 바로 관계와 중독이다.

관계

자, 이제부터 쓴소리를 좀 하려고 하니 마음을 단단히 먹기 바란다. 인간관계의 갈등에 관해 생각해 보자. 배우자, 자식, 친척, 상사, 형제나 자매, 부모. 누구든 생각만 하면 화가 나고 골치가 지끈한 사람을 떠올려 보라. 차를 타고 지나가다가 보이면 자신도 모르게 욕이 튀어나오게 하는 사람, 정말 감당이 안 되는 사람. 그런 사람이 다 한 명쯤은 있을 것이다.

자, 그 사람의 얼굴을 떠올렸는가? 그렇다면 이제부터 잘 들어 보라. 중요한 것은 그 사람이 아니다. 이 갈등을 통한 하나님의 목적은 '당신'에 관한 뭔가를 드러내는 것이다.

누군가와 다퉜을 때 가장 하기 쉬운 일은 그냥 그 사람과의 관계를 끊는 것이다. 그 사람을 기억에서 지워 버린다. 그 사람이 전화를 해도 받지 않는다. 교회를 옮긴다. 새로운 친구들을 사귄다. 심지어 새장가를 든다. '자신'의 조건에 따라 관계를 재구성한다. 이렇게 우리는 자신이 입은 상처만을 곱씹을 뿐 자기 자신을 깊이 돌아보지 않을 때가 많다. 남의 잘못은 정확히 지적하면서 정작 자신의 잘못은 보질 못한다.

자신이 어떤 사람인지 정확히 알고 싶다면 다른 이들과의 관계를 꾸준히 살펴보면 된다. 남들과 가까이 어울릴 때 자신의 어떤 모습이 드러나는지 보라. 남녀가 결혼한 지 6개월이 지나서 서로에게 이기적이라고 비난하는 이유는 무엇인가? 왜 게으른 사람은 어느 직장에 가나 인정을 받지 못하는가? 새로 친구들을 사귀었는데 왜 그들도 예전 친구들처럼 당신을 푸대접하고 무시하는가? 왜 만나는 사람마다 다투고 얼굴을 붉히는가?

문제는 배우자나 사장이 아닐지도 모른다. 모두가 당신을 괴롭히기로 작정하고 공모한 게 아니다. 어쩌면 그들의 말이 사실일지도 모른다.

그리고 하나님은 언제나 우리가 현실을 직시하기를 원하신다. 현실을 보고 인정해야 비로소 진정한 변화의 노력이 시작되기 때문이다.

이제 편리한 잔디 깎는 기계가 아닌 삽과 호미를 꺼내야 할 때가 아닐까? 이제 남들을 바꾸려고 하지 말고 당신 자신의 성화에 매진해야 할 때가 아닐까?

상황이 바뀌기를 원한다면 가까운 사람들과 부딪힐 때마다 겉으로 삐져나온 부분을 깎아내는 것만으로는 부족하다. (언제나 그렇듯) 문제의 핵심이 마음의 문제라면 남들을 엑스레이로 촬영해서는 자신의 질병을 치유할 수 없다.

중독

중독성 행동은 정신적, 감정적, 육체적 요소가 복잡하게 얽혀서 나타난다. 지금까지 마약이나 알코올 중독에 시달리다가 하나님의 섭리로 우리 교회에 찾아와 그분의 복음과 성화시키는 은혜를 통해 자유를 찾은 사람들이 수도 없이 많다. 하지만 고통 없는 치유는 없다. 치유를 위해서 극단적인 처방들이 필요하다. 따라서 단 몇 문장으로 중독 치유의 과정을 다 설명할 수는 없다. 여기서는 단지 수없이 증명된 일반적인 사실 한 가지를 제시하고자 한다.

사람들이 중독이 극에 달했을 때 달려가는 재활센터는 실제로 중독을 끊는 데 도움이 된다. 중독을 끊겠다는 강한 의지와 함께 재활센터를 찾아가는 것이 중요한 첫 단계가 될 수 있다. 하지만 표면적인 증상만 다루고 마음 깊은 곳에서 이 증상을 일으키는 뿌리를 찾아내지 않는다면 선지자 예레미야가 말한 "평강하다 평강하다 하나 평강이 없도다"(렘 6:14)의 상황에 빠질 수밖에 없다. 두려움에서 비롯한 금욕은 참된 치유로 이어지지 않는다.

마음 깊은 곳까지 파고들어가 무엇이 잘못되었는지 점검하지 않으면 설령 술과 마약을 끊는 데 성공했다고 해도 또 다른 중독이 찾아오기 마련이다. 기껏해야 견디기 힘든 중독을 견딜 만한 중독과 맞바꿀 뿐이다. 그것은 결국 같은 뿌리에서 다른 잡초가 자라나는 것이다. 그래서 뿌리가 그대로 남아 있는 상태에서는 심지어 잠시 중독을 끊었다고 해도 해방된 게 아니다.

물론 잡초를 잘라내고 나면 일단 기분은 좋다. 그토록 끊고
싶던 중독을 끊었으니 좋을 수밖에. 당장은 숨통이 트인다.

하지만 하나님은 '당장 기분이 좋은 것' 이상을 원하신다.
그분은 우리의 완전한 자유를 원하신다. 이와 관련해서 우리를
완전한 의인과 자녀의 '위치'에 놓기 위한 작업은 이미 마무리하
셨다. 우리는 이미 완전히 의로워지고 영원히 하나님의 가족으
로 입양되었다. 그런데 하나님이 자신의 아들을 희생시키면서까
지 자녀로 거둔 우리가 해로운 관계와 중독의 쳇바퀴를 도는 것
을 원하실까? 당연히 우리가 평생 복음의 자유를 누리는 것이 하
나님의 뜻이다. 하나님은 우리가 매일같이 성장하고 변화하고 새
로워지길 원하신다. 하나님은 우리의 꾸준한 성화를 바라신다.

따라서 단순히 잡초를 깎는 것만으로는 부족하다. 겉으로 나
온 부분만 잘라내면 어느새 잡초가 다시 무성해져서 잔디밭을 지
날 때마다 우리의 발을 찌른다. 죄를 잘라내도 완전히 제거되지는
않는다.

아울러, '위장'도 옳은 방법이 아니다. '위장'은 성화를 방해
하는 두 번째 걸림돌이다. 이것은 매사에 '나는 괜찮아'로 일관하
는 태도를 말한다. 오늘날은 자신을 위장하기가 그 어느 때보다
도 쉬워졌다. 특히, 깔끔하게 면도하고 로션을 바른 얼굴 뒤로 진
짜 모습을 숨기는 데 소셜미디어만 한 것도 없다. 이제 우리는 옆
집 사람에서 고등학교 동창까지 모든 사람에게 우리가 배우자
와 얼마나 멋진 데이트를 하고 자녀와 얼마나 즐거운 휴가를 다

녀왔는지를 뽐낼 수 있다. 성경 구절과 멋진 사진을 올리고 감동적인 블로그 포스트를 쓰면서 주변 사람들에게 자신의 이미지를 조작한다.

아, 그 이미지가 진짜라면 좋으련만!

하지만 성화라는 개념 자체가 우리가 아직 완벽해지지 않았다는 사실을 기본 전제로 하지 않던가. 우리는 여전히 성장해 가는 중이다. 아직도 복음대로 사는 법을 배우는 중이다. 그런데 왜 남들 앞에서 완벽한 척을 하는가? 그것은 서로 피곤한 짓 아닌가?

예수 그리스도의 십자가는 우리를 하나님의 가족으로 입양시키는 동시에, 우리가 하나님의 용서와 권능을 절실히 필요로 하는 존재라는 사실을 드러낸다. 그렇다. 그리스도의 구속 사역은 우리를 초인으로 만들기 위한 수단이 아니다. 그것은 오히려 우리가 전적으로 하나님을 의지하는 '인간'이라는 의미다. 우리가 엄청나게 강해져야 하나님께 영광을 돌릴 수 있는 게 아니다. 성경은 우리가 "그리스도의 능력이 내게 머물게" 하기 위해 "크게 기뻐함으로 나의 여러 약한 것들에 대하여 자랑"함으로써 하나님께 영광을 돌린다고 말한다(고후 12:9 참조).

가장 아름다운 성화의 도구 중 하나는 우리가 어떤 사람이며 어떤 문제점을 안고 있는지를 '정확히' 아는 사람들과의 깊은 우정이다. 우리가 오랫동안 어떤 두려움과 나쁜 습관에 시달려 왔는지를 아는 사람들은 우리의 성화에 아주 귀하게 쓰인다.

우리 둘(매트와 마이클)은 이런 우정의 가치를 누구보다도 잘 안다. 믿음의 형제자매들이 우리에게 전화를 걸어 가장 약한 부분을 잘 다루고 있는지 물어보면 우리는 결코 화를 내거나 창피해하지 않는다. "나를 어떻게 보고 그런 말을 합니까?" 우리는 웬만해선 이런 식으로 발끈하지 않는다. 오히려 우리를 염려해 주는 친구들의 음성을 통해 하나님이 바로 곁에서 우리의 싸움을 대신 싸워 주시고 우리에게 순종할 능력을 주신다는 사실을 새삼 떠올리며 용기를 얻는다.

하지만 매주 교회에 조용히 왔다가 조용히 사라지고 아무에게도 속내를 털어놓지 않으면 결코 이런 아름다운 경험을 할 수 없다. 자신은 남에게 의지할 필요가 없다고 자존심을 내세우면 진정으로 강하신 분의 능력을 경험할 수 없다.

위장은 어리석은 짓일 뿐이다. 스스로를 포장해 봐야 비밀의 노예가 되는 것 외에는 아무 유익도 없다. 내심 당신도 이 점을 잘 알고 있을 것이다. 음란의 유혹에 시달리고 있는가? 그렇다면 고백하라. 분노에 시달리고 있는가? 고백하라. 정욕에 시달리고 있는가? 고백하라. 더러운 중독에 시달리고 있는가? 털어놓으라. 악의 힘을 제거하는 최선의 첫 단계는 그 시꺼먼 괴물을 빛 가운데로 끌어내는 것이다. 그 악에 계속해서 당하느니 잠깐 창피하더라도 솔직히 털어놓고 도움을 받는 게 좋지 않겠는가.

성화는 평생의 과정이다. 우리 모두에게는 평생이 걸려도 다 없애지 못할 만큼 많은 흠이 있다. 하지만 얼마든지 성화의 속도를 끌어올리고, 나아가 지금 당장이라도 위선을 떨쳐낸 "일심"(undivided heart, 시 86:11)의 복을 누리기 시작할 수 있다. 그 열쇠는 죄의 가지만 잘라낸 채 뿌리를 숨기지 말고 솔직히 드러내는 것이다. 그럴 때 어떤 변화가 나타날지 상상해 보라.

자동 방향 전환

최근에 이사 온 집에서 차를 몰고 나올 때마다 옛집에서 나올 때와 다른 길이 펼쳐진다. 간선도로 입구로 가는 길, 일터로 가는 길, 야구장으로 가는 길, 미용실로 가는 길이 달라진다. 예전과는 다른 거리와 교차로가 나타난다. 모든 것이 조금씩 다르다.

새로운 동네와 지형에 익숙해질수록 길을 잃고 헤매는 횟수가 줄어든다. 자신이 어디에 있고, 어디로 가야 하며, 그곳에 어떻게 갈 수 있는지를 점점 더 정확히 알게 되기 때문이다.

그러므로 형제들아, 우리가 그리스도의 피를 통해 우리에게 열린 새로운 살 길에 대한 담력(확신)을 얻었으니 이제 신실하신 분의 약속을 굳게 잡고 그분 앞에서 우리의 믿음을 고백하자. 그리고 이제 옳은 길을 알았으니 스스로 이 새로운 길을 따를 용기를 끌어모을 뿐 아니라 집까지 안전하게 이어지는 이 성화된 길을 따르도록 서로 격려하자(히 10:19-25 참조).

PART 3

죄로 뒤엉킨 속마음,
복음대로 풀라

01

내면의 폭풍을
잠재우라

수치심이 자라지 않고, 나아가 분노와 학대,
정욕으로 발전하지 않도록 막는 최선책은
그 어떤 비밀도 품지 않는 것이다.

2012년 10월 말 할로윈을 며칠 앞둔 어느 날, 카리브 해에서 일어나 북쪽으로 이동하던 2등급 허리케인이 미국 중서부 북쪽에서 일어난 모진 겨울 폭풍과 보름달 아래서 충돌했다. 여기에 캐나다에서 빠른 속도로 불어오는 차가운 북풍까지 가세하여 온도를 영하로 급속히 떨어뜨렸다.

이미 기상청은 이 거대한 힘들의 합류로 일어나고 있는 "혼합 소용돌이"를 경고한 바 있었다. 관측자들은 대서양 중심부의 극심한 저기압을 추적하고 있었다. 이 저기압이 허리케인을 아메리카 대륙으로 밀어내고 있었다. 점점 커지고 있는 허리케인이 불과 며칠 뒤면 해변에 도착할 전망이었다. 2012년 10월 29일 시속 130킬로미터의 광풍을 품은 허리케인이 저지쇼어와 롱아일랜드의 해변에 들이닥칠 무렵에는 오하이오와 켄터키 같은 내륙까지 그 무시무시한 힘이 미쳤다. 해변의 파도만 미친 듯이 날뛴 게 아니라 내륙의 산악 지대까지 눈보라가 몰아친 것이다.

사람들은 이 허리케인에 "프랑켄스톰"(Frankenstorm)이란 별명을 붙였다. 공식적인 명칭은 "슈퍼스톰 샌디"(Superstorm Sandy)였다.

샌디는 미국에서 총 125명의 목숨을 앗아가고, 6백억 달러 이상의 재산 피해를 입혔다. 수많은 집과 건물이 쓰러지고 터널과 지하철역이 범람했으며 미국 동부 전역이 정전과 기름 부족으로 몸살을 앓았다.

그야말로 전대미문의 재난이었다.

이처럼 허리케인 샌디가 미국 기상 역사상 찾아보기 힘들 만큼 큰 피해를 입혔지만 태풍은 우리 밖에만 있는 게 아니다. 오늘날 많은 사람이 두 가지 힘의 충돌로 인한 극심한 내적 폭풍을 겪고 있다. '죄책감'과 '수치심'의 충돌이 우리 마음속에서 끊임없이 일으키는 천둥소리는 하루 종일 우리를 고문하다 못해 밤새 잠을 설치게 만든다.

계속해서 그렇게 살 수는 없어서 죄책감과 수치심을 떨쳐내려고 애써 보지만 그래 봐야 잠시뿐이다.

하나의 폭풍이 지나가고 나면 또 다른 폭풍이 몰려온다. 때로는 지나가는 소나기처럼 잠시 혹은 하룻밤 퍼붓고 만다. 하지만 때로는 맹렬한 기세로 마음속을 온통 쑥대밭으로 만들어 놓는다.

그러나 우리가 양심과 비난의 어두운 터널에서 부르는 복음의 노래는 죄책감과 수치심의 원투펀치를 약화시키는 정도가 아니라 더 이상 부수적 피해를 입히지 못하도록 아예 무력화시킨다.

자, 이제부터 무슨 말인지 설명해 보겠다.

죄책감과 수치심의 정체

이 책의 전반부에서는 복음의 핵심 개념들을 보았으니 이제 이 복음의 진리들을 우리의 일상에 적용할 방안을 살펴볼 차례다. 이제부터 우리가 다루려는 주제들과 당신의 삶이 깊은 연관이 있다는 점을 금세 느낄 수 있을 것이다.

첫 번째 기착지는 아주 낯익은 땅이다. 바로, 죄책감과 수치심의 땅이다. 인간 마음속의 이 두 골칫덩이는 그 옛날 에덴동산에서 순결과 명예가 무너지면서 이 땅에 처음 찾아왔다. 그리고 그 후로 단 한 번도 이 땅을 떠나지 않았다. 다들 이 죄책감과 수치심을 비롯한 뱀의 무기들을 잘 안다고 말하지만 이것들은 생각보다 훨씬 더 교묘하고 기만적이다. 이것들에 관해서 다 안다고 말하는 사람들도 대개 빙산의 일각밖에 모르고 있다. 이것들은 좀처럼 자신의 진정한 정체를 드러내지 않기 때문이다.

예를 들어, 죄책감과 수치심을 쌍둥이, 심지어 동의어로 여기는 사람이 많다. 물론 실제로 서로 겹치는 면이 많지만, 이 둘은 결코 같은 것이 아니다. 둘 다 자신이 일종의 기준에 미치지 못했을 때 비롯하지만 죄책감의 기준은 주로 도덕적인 기준이다. 그에 반해, 수치심의 기준은 더 깊은 차원으로 들어가 우리의 정체성과 관련이 있다.

예를 들어, 당신이 스스로를 배려심이 많고 베풀 줄 알며 희생적이고 이타적이며 늘 남들을 도울 기회를 찾는 사람으로 본다고 하자. 그런데 거리에서 거지를 만나거나 교회에서 후원을 장려

138

할 때 아무것도 하시 않으면 마치 법을 어긴 것처럼 죄책감을 느낀다. 하지만 이것은 자아상(우리가 자존감과 자기 가치, 정체성을 얻는 주된 근원)의 표면적인 측면이고, 더 깊은 차원에서는 동시에 다른 어떤 일이 벌어지고 있다. 즉 자신이 스스로 생각했던 사람과 다르다는 사실에서 수치심을 느낀다.

미묘한 차이가 눈에 들어오는가? 우리가 상상하는 모습, 너무도 되고 싶은 모습이 삶 속에서 나타나지 않을 때, 우리 모습이 추하고 비열하고 혐오스러울 때, 우리는 수치심을 느낀다.

죄책감은 우리의 행동과 관련이 있는 반면, 수치심은 우리의 정체성과 관련이 있다. 이 차이를 분간할 줄 아는 것이 중요하다.

우리가 떨쳐내려고 애쓰는 것, 이를테면 분노나 학대, 정욕은 줄기 끝에서 자라는 열매일 뿐이다. 이 열매를 따도 뿌리는 죽지 않는다. 옛 열매가 떨어진 자리에서 그 즉시 새로운 열매가 열리게 되어 있다. 땅속을 파고 들어가 뿌리를 도끼로 찍어 내야 그 썩은 열매가 더 이상 열리지 않는다.

그러고 나서 뽑은 뿌리를 자세히 뜯어 보면 죄 없는 상태와 명예에 대한 갈망이 나타난다. (죄 없는 상태를 잃은 데 대한) 죄책감과 (명예를 잃은 데 대한) 수치심은 나쁜 행동들의 DNA를 이루는 이중 나선이다.

죄책감

죄책감은 수치심에 비해 찾아서 제거하기가 약간 더 쉽다. 실제로 우리는 자신이 무슨 일로 괴로워하는지 정확히 알 때가 많다. 그럴 때는 회개하고 행동을 고치기가 더 쉽다.

그런데 한편으로 우리는 죄책감이 어디서 비롯했는지 제대로 보지 못하거나 양심을 스스로 속일 때도 많다. 그래서 죄를 짓지 않고도 죄책감을 느끼거나(거짓 죄책감) 죄를 짓고도 죄책감을 느끼지 않는다(썩은 양심). 심지어 나쁜 행동과 불법을 마치 훈장처럼 자랑하는 사람도 있다. 참으로 어처구니없는 태도이며, 이런 태도는 온갖 다른 문제를 일으킨다.

진짜 죄책감은 진짜 죄를 지었을 때 느끼는 감정이다. 그럴 경우는 그 죄를 회개하고 바로잡으면 된다.

하지만 우리가 어긴 기준이 하나님의 기준이 아닌 경우도 있다. 성경의 기준이 아닌 것을 어기고서 죄책감을 느끼는 경우도 있다. 예를 들어, 하루 종일 아이와 씨름하느라 바쁜 아내에게 집 안이 지저분하다고 불평하는 것은 제멋대로 정한 기준에 따라 아내를 나쁜 사람으로 몰아가는 것이다.

문제는 이런 상황이 자신과 남들의 실제 죄와 불순종으로 이어질 수도 있다는 것이다. 그리고 그렇게 시작된 나쁜 행동과 분노는 우리 안에 '수치심'을 일으킬 수 있다.

수치심

죄책감과 달리 수치심은 물 위에 떠다니는 부유물과도 같다. 눈에 빤히 보이지만 숟가락으로 떠내려고 해도 제거하는 것이 생각만큼 쉽지 않다.

사람은 수만 가지 일로 수치심을 느낄 수 있다. 어떤 사람들은 돈이 넉넉하지 않다는 사실에서 수치심을 느낀다. 자신이 모는 차나 사는 집에 대해 수치심을 느끼기도 한다. 출신 가문이나 학교, 결혼반지의 다이아 알의 크기, 체형에 대해서도 수치심을 느낄 수 있다. 심지어 주변에 믿지 않는 사람들밖에 없어서 자신이 크리스천인 것을 창피해하는 사람도 있다.

이처럼 수치심은 다양한 경로로 찾아와 우리에게 말할 수 없는 고통을 안겨 준다.

그런데 사실 가난이나 적은 월급은 전혀 수치스러운 것이 아니다. 구형 자동차를 모는 것도 수치스러운 일이 아니다. 외제 차가 즐비한 부자 동네에 살지 않는다고 해도 창피할 게 없다. 이것은 근거 없는 수치심이다. 순진해서 누군가의 이기심에 희생양이 되었다고 해도 창피해할 까닭이 없다. 그런데도 이처럼 수치스러워할 필요가 없는 일에서 수치심과 열등감, 자괴감을 느끼고 그 일을 숨기는 사람이 참 많다.

왜 우리는 이런 것에 대해 창피해하는가?

답은 아주 간단하다. 수치심은 정체성에 깊이 뿌리를 내리고 있다. 우리가 자신에 대해서 품고 있는 이상은 우리를 향한 하나

님의 이상과 다른 온갖 기대를 낳을 수 있다. 잘못된 종류의 완벽
을 지향하는 것이다. 잡지 표지에 실린 아름다운 얼굴이나 특정한
액수의 월급, 대학 시절 친구의 성격을 삶의 목표로 삼을 수 있다.
하지만 과연 이런 것이 옳은 기준인가?

　　당신의 난폭한 성미나 폭주 습관, 성적 타락, 중독(분노와 학대,
정욕의 육체적 증상들)은 수치심에서 비롯했는가 아니면 죄책감에서
비롯했는가? 아니면 두 요인이 충돌해서 태풍을 일으킨 것인가?

그냥 두면 인생 전체를 불태운다

　　죄책감과 수치심은 작은 제트기류 안에만 머무는 정체전선
과 달리 언제나 우리 삶의 다른 부분에까지 영향을 미친다. 죄책
감과 수치심에 따라 다른 영역의 기상 조건도 악화된다. 즉 죄책
감과 수치심은 악한 생각과 감정, 혼란을 일으키며, 그 더러운 기
분을 떨쳐내기 위해 무슨 짓이든 하게 만든다. 특히 수치심은 가
장 고통스러운 감정이라고 말할 수 있기 때문에 극심한 악영향을
끼친다. 이 둘은 나쁜 습관을 일으키고, 그 나쁜 습관은 다시 이
두 감정을 증폭시킨다.

　　죄책감과 수치심은 거의 모든 나쁜 증상의 원인이다.

　　필시 다음과 같은 진행 순서를 다 경험해 보았을 것이다. 따
라서 다음 이야기는 남의 이야기가 아니라 바로 우리 자신의 이
야기다.

주로 '분노'의 표출로 시작된다. 처음에는 자기혐오와 비슷한 모습으로 나타난다. 자책한다. 자신을 학대한다. 자신의 '한심한' 모습에 미칠 것만 같다. '벌써 몇 년째야. 그런데 아직도 나아진 게 하나도 없어. 조금도 강해지지 않았고, 조금도 현명해지지 않았어. 지금쯤은 꽤 나아질 줄 알았어. 하지만 여전히 무력하고 어리석어. 아직도 세상 사람들과 똑같이 생각하고 말하고 행동하잖아. 내 정체를 안다면 모두가 비웃을 게 뻔해.'

죄책감과 수치심이 계속해서 커지면 하나의 마음 안에 다 담을 수 없는 지경에 이른다. 그러면 우리는 두 가지 방식으로 이 부정적인 감정들을 다룬다.

첫째, 남들도 자신을 무가치하게 보는 것이 당연하다고 생각한다. 그래서 자신의 몸을 잘 돌보지 않고 함부로 대한다. 나쁜 습관을 고치려고 하지 않아 실제로 다른 이들에게 점점 더 무시를 당한다.

둘째(혹은 동시에), 이 열등감은 분노로도 표출된다. 공격하고 부수고 통제하고 조종한다. 자신이 행복할 수 없으면 누구도 행복할 자격이 없다고 생각한다. 자신만 열등감에 시달릴 수 없다고 생각하여 어떻게든 다른 사람들도 자존감이 떨어지게 만들려고 한다.

이제 분노는 학대로 변한다. 남들을 학대하고 자기 자신을 학대한다. 자칫하면 죄를 지을 수밖에 없는 불건전한 상황과 관계 속으로 서슴없이 들어간다. 가장 가까운 사람들에게까지 등을 돌리고 모진 말과 폭력으로 그들을 학대한다.

그 다음에는 학대가 '정욕'과 짝을 이뤄 성적 타락으로 이어진다. 하나님이 인간에게 주신 존엄성을 무시하고 다른 이들을 인간이 아닌 쾌락의 도구로 취급한다. 남들이 영혼이나 생명이 없이 그저 우리의 일시적인 쾌락을 위해 존재한다고 여긴다.

사람들이 성희롱이나 외도, 포르노에 빠지는 주된 이유 중 하나는 죄책감과 수치심이다. 죄책감과 수치심으로 자신을 귀하게 여기지 못하니까 다른 사람들 속에서도 진정한 가치를 보지 못하는 것이다. 그러나 모든 인간은 가치 있게 창조된 존재다. 사람들은 우리에게 쾌락을 주기 위해서 존재하는 게 아니라, 하나님 안에서 기쁨을 누려야 할 존재들이다.

원래 성은 언약 관계 속에서 이루어지는 하나님과 우리의 연합을 가리키도록 창조되었다. 따라서 부부 사이에서 이루어지는 성은 궁극적으로는 예배의 행위다. 복음을 통해 우리에게 임한 하나님의 은혜와 선하심을 예배하는 것이다. 하지만 사탄은 성을 성적 타락으로 왜곡시켜 다른 것을 예배하게 만든다. 자신의 안위와 감정, 사람들, 인정 같은 "피조물을 조물주보다 더 경배"(롬 1:25)하게 만든다.

창기처럼 돈을 받고 몸을 팔 생각을 한 번도 해 보지 않은 여자들도 사랑의 '감정'을 얻기 위해 몸을 판다. 단 한 시간이라도 상대방이 자신을 원하고, 아름답게 여기는 것을 느끼고 싶어서 순결을 내던진다. 남자들은 열등감을 떨치기 위해 다른 여자들을 품에 안는 공상을 한다. 마음속으로 수많은 여자를 정복함으로써 수치심으로부터의 구속을 시도한다. 하지만 그것은 언제나 거짓 구속일 뿐이다.

태풍은 계속해서 밀려온다. 폭우가 쏟아진다. 하나의 태풍이 물러나면 또 다른 태풍이 몰려온다. 죄책감과 수치심은 끊임없이 분노를 일으키고, 학대의 불길에 부채질을 하며, 정욕의 불길에 기름을 붓는다. 우리의 힘으로 아무리 이 불을 끄려고 애를 써도 오히려 불은 점점 더 타올라 우리 삶 전체를 태워 버린다.

오직 복음만이 이 미친 불길을 잠재울 수 있다.

폭풍을 쫓아내시는 분

예수님의 제자들은 하늘에 먹구름이 피어오르는 것을 보고도 전혀 걱정하지 않았을 게 분명하다. 무엇보다도 그들 대부분이 평생을 물과 함께 살아온 자들이지 않은가. 물에서는 그 어떤 예기치 못한 상황도 해결할 수 있는 경험이 충분했다. 최소한 무사히 해변까지 돌아올 자신은 있었다. 하긴, 그 거친 바다에서 여태껏 살아남은 자들이었다.

게다가 이번에는 예수님까지 배에 함께 계셨다. 사실, 호수 건너편까지 가기 위해 배를 띄우라고 한 분이 예수님이셨다. 그런데 이번 풍랑은 뭔가 심상치가 않았다. 파도가 엄청 거세지자 제자들은 허둥대기 시작했다. 그러다 결국 곤한 잠에 빠져든 예수님을 흔들어 깨워 호들갑을 떨었다.

"주여, 주여, 우리가 죽겠나이다."

그러나 예수님은 여유롭게 기지개를 펴고 난 뒤 대수롭지 않은 듯 바람과 파도를 꾸짖으셨다. 그러자 갑자기 사방이 숨소리가 들릴 만큼 잔잔해졌다.

제자들은 입을 떡 벌린 채 서로를 쳐다봤다. 마치 눈빛으로 서로에게 '너도 봤어?'라고 말하는 듯했다. 그때 예수님은 간단한 질문 하나로 정신을 번쩍 들게 만드셨다.

"너희 믿음이 어디 있느냐"(눅 8:25).

예수님은 언제나 완벽한 질문을 던지신다. 죄책감과 수치심의 광풍이 휩쓸고 지나간 자리를 치우느라 정신없는 우리에게 가장 필요한 것은 바로 그분의 질문이다.

"너희 믿음이 어디 있느냐?"

이 질문은 예나 지금이나 가장 좋은 답으로 이어진다. 이전 장에서 소개한 표현을 빌자면, 지금이야말로 '살림 훈련'을 할 적기다. 성경의 진리 속으로 깊이 들어가 하나님이 성난 먹구름을 몰아내기 위해 어떤 역사를 펼치셨는지 다시 발견해야 할 때다. 우리가 항구까지 안전하게 올 수 있도록 하나님이 무엇을 해 주셨는가? 그분이 어떻게 우리의 짐을 덜어 주셨는가?

모든 죄를 탕감해 주신다

두 장 뒤로 돌아가 죄책감의 광풍을 잠재우는 복음의 한 요소를 다시 살펴보자. 이것은 예수 그리스도의 피로 우리의 부죄와 용서를 선언하는 우리 재판장의 판결이다.

성경은 이렇게 말한다. "범죄와 육체의 무할례로 죽었던 너희를 하나님이 그와 함께 살리시고 우리의 '모든' 죄를 사하시고"(골 2:13).

잠깐! 여기서 '모든'은 아주 기본적인 단어다. 우리 하나님은 "우리를 거스르고 불리하게 하는 법조문으로 쓴 증서를 지우시고 제하여 버리사 십자가에 못 박으시고"(골 2:14).

그래서 당신이 과거에 저지른 죄를 고백하고 회개한 뒤에도 여전히 품고 있는 죄책감은, 당신이 지금도 여전히 저지르고 있는 악한 습관과 성향을 영원히 극복할 수 없다는 좌절감은….

전혀 쓸데없는 감정이다.

이 '모든' 죄에 대해 복음이 선포되었다. 어린 양의 피로 우리의 빚이 탕감되었다는 것은 과거와 현재, 미래까지 우리의 모든 죄에 대해 죄책감을 느낄 필요가 없다는 뜻이다. 죄책감으로 인해 자신을 포기하고 아예 죄의 구렁텅이로 들어갈 필요가 없다. 우리는 이미 용서를 받았다. 이제 우리는 자유인이다. 우리는 무죄를 선고받았다.

이것을 믿으라. 그리고 이 사실로 인해 변화되라.

하지만 우리는 여전히 죄를 짓는다. 그래서 이 죄의 마수를 계속해서 끊어 낼 방법이 필요하다.

사랑으로 계속 바로잡아 주신다

우리 인간들은 그 옛날 1세기부터 복음의 허점을 찾아왔다. 그런 사람들은 거룩함을 위한 훈련의 짐을 덜어 볼 요량으로 주로 칭의의 카드를 꺼낸다. 그들은 이미 용서를 받았으니까 술집에서 진탕 퍼마셔도 괜찮다고 생각한다. 교회에 다니는 자동차 수리공이나 배관공이 그저 명함에만 집사라고 쓰고 나서 일은 대충해 주는 것도 같은 경우다. 양심적으로 일하지 않아도 어차피 구원은 받았으니 상관없다는 것이 그들의 지론이다.

하지만 점심시간에 나갔다가 늦게 들어오고 종일 농땡이를 피우면 일의 참된 즐거움을 맛볼 수 없다. 언제나 맡은 일에 성실하고 최선을 다할 때 우리의 삶이 더 풍성하고 행복해질 뿐 아니라 하늘 아버지와 더 깊은 관계를 경험할 수 있다.

선하시고 사랑 많으신 하나님이 우리를 보호하기 위해 정해 주신 선을 넘을 때 느끼는 감정은 진짜 죄책감이다. 이것은 엄밀한 죄다. 그렇지만 하나님은 변함없는 언약의 사랑으로 계속해서 우리의 약점과 타락을 바로잡아 주신다. 그분은 우리에게 진정한 회개를 촉구함으로써 죄책감에 편승하여 나타나는 온갖 악한 곁가지를 잘라 주신다.

여기서도 예수님의 질문은 중요하다.

"너희 믿음이 어디 있느냐?"

자신의 단점과 죄만 바라보면 절망할 뿐이지만 하나님께로 시선을 돌리면 우리의 무죄를 다시금 확인할 수 있다.

온전히 받아 주신다

마지막으로, 앞서 말했듯이 창세기 1-2장의 이상 중에서 으뜸은 죄 없는 상태와 명예다. 인류는 이 땅의 모든 생명체 위에 우뚝 서도록 창조되었다. 성경은 인간이 죄 없는 낙원에서 살 뿐 아니라 "아담과 그의 아내 두 사람이 벌거벗었으나 부끄러워하지 아니하니라"(창 2:25)라고 말한다.

상상해 보라. 당신의 일상은 어떠한가? 평상시 마음속에서 자주 일어난 감정을 돌아보라. 그에 반해, 수치심의 그림자조차 없는 관계 속에서 살면 얼마나 멋질까? 거부나 학대를 당할 두려움 없이 온전히 자기 자신으로 살아갈 수 있는 관계. 죽어서 천국에 가야만 그런 관계를 누릴 수 있을까?

그렇지 않다. 하늘 아버지께 입양된 우리는 지금 이 순간에 그런 관계를 누릴 수 있다.

우리를 가장 잘 아는 분이 우리를 정확히 알면서도 여전히 사랑하고 기뻐한다는 사실을 알면 그 어떤 수치심도 순식간에 사라진다. 지저분한 과거, 가난, 흰머리가 나도록 결혼을 못했다는 사실, 못 배웠다는 사실이 더 이상 우리에게 수치를 안겨 주지 못한다. 하나님은 우리의 흠을 전부 알면서도 우리를 있는 그대로 사랑하고 입양해 주셨다. 그분이 우리를 부끄러워하시지 않는데 왜 스스로를 부끄러워하는가?

하나님뿐 아니라 다른 이들, 특히 믿음의 식구들에게 자신을 솔직히 드러내도 좋다는 사실을 알면 수치심은 사라지기 시작한다. 수치심이 자라지 않고, 나아가 분노와 학대, 정욕으로 발전하지 않도록 막는 최선책은 그 어떤 비밀도 품지 않는 것이다.

왜 그래야 할까? 그것은 세상에 비밀이란 것은 없기 때문이다. 우리의 비밀을 하나님 외에 아무도 모른다고 해도 그 비밀이 남몰래 우리의 속을 시꺼멓게 태운다. 그래서 시간이 지날수록 우울증이 심해지고 자신이 역겨워지며 예배의 열정이 사그라지고 점점 남들에게 담을 쌓게 된다. 점점, 속을 모를 사람이라는 소리를 듣는다.

비밀은 더 큰 수치로 이어질 뿐이다.

하지만 흔히 탕자의 비유라고 부르는 이야기 속의 아버지를 보라. 사실 이 이야기는 철딱서니 없는 방탕아나 이기적인 형의 이야기라기보다 두 사람 '모두' 친밀한 관계 속으로 들어오기를 바라는 아버지의 이야기다. 이것은 각자 수치의 길로 간 고집스럽고 어리석은 아들들을 무조건적으로 받아 주는 부성애에 관한 이야기다.

우리 빌리지교회는 세례식을 할 때 새로운 회심자들을 물 앞에 세운 뒤 그 전까지 품었던 수치심의 이유들을 고백하게 한다. 그러면 그들은 예수님을 영접하기 전에 자신이 어떤 사람이었는지를 솔직히 털어놓는다. 이렇게 하면 교인 숫자가 줄어들 것이라고 생각하는가? 사람들이 굴욕을 당하기 싫어 교회를 떠날까? 하긴, 하나님과 모든 사람 앞에서 마음 깊은 곳의 비밀을 털어놓을 수 있는 사람이 몇이나 되겠는가?

그럴 수 있는 사람들은 오직 한 부류뿐이다. 자신을 완벽히 아시는 분이 자신을 완전하게 기뻐하신다는 사실을 아는 양자들만이 그럴 수 있다. 그들이 수치스러운 일을 털어놓는 것은 자기 자신이 자랑스러워서가 아니다. 그들은 그 어떤 수치스러운 일보다도 크신 하나님을 자랑하는 것이다. 그들은 죄를 축소하는 대신 그리스도의 충분하심을 찬양한다.

아버지가 잔소리를 늘어놓기는커녕 더없이 기뻐하며 환영해 주었을 때 탕자의 기분은 어떠했을까? 탕자는 환영은 기대조차도 하지 않았다. 기껏해야 더러운 몸을 씻고 깨끗한 옷만 입을 수 있다면 더 바랄 게 없었을 것이다. 그런데 아버지는 뜻밖에도 온 동네가 떠나갈 듯 풍악을 울리며 요란스러운 잔치를 열었다. 탕자가 아버지에게 뭐라고 말했을지 충분히 짐작이 간다. "아버지, 이러지 마세요." 탕자는 자신이 어디서 무슨 짓을 했는지가 '온 동네'에 알려지는 것을 절대 원치 않았다.

우리는 육신의 아버지, 아니 그 누구도 우리를 온전히 사랑하고 용납하고 존중하고 기뻐한다는 사실을 쉽게 받아들이지 못한다. 우리도 우리 자신을 사랑하지 않는데 그 누가 우리를 사랑할 수 있겠는가. 게다가 우리의 치부를 훤히 아는 하나님이 어찌 우리를 사랑하신다는 말인가.

그러나 이 사실을 받아들이는 것만이 수치의 폭풍을 돌려보내고 우리 밭에 그 어떤 폭풍도 너끈히 견뎌낼 수 있는 새로운 명예와 정체성의 나무를 심는 길이다. 아직도 수치심의 유일한 해법이 분노와 학대, 정욕이라고 생각하는가? 그렇지 않다. 복음을 온전히 받아들이면 수치심에서 완전히 벗어나 탄탄한 반석 위에 굳게 설 수 있다.

복음은 죄책감에 빠진 우리에게 칭의를 일깨워 준다.

복음은 성화를 통해 우리의 거짓 이상을 깨부순다.

복음은 남모를 수치심으로 분노하는 우리에게 입양 사실을 일깨워 준다.

그 즉시, 매일같이 우리를 들들 볶던 죄책감과 수치심의 땅에서 새로운 동이 튼다. 이 새날에 하나님은 우리에게 그분을 향한 새로운 열정을 주시고, 한때 죄책감과 수치심으로 가득했던 우리 마음에 기쁨과 사랑, 자유가 가득한 은혜의 단비를 내려 주신다.

우리 다 함께 이 비를 맞자.

02

'하나님을 믿는 믿음' 안에서 쉬라

두려움과 걱정 앞에서
우리가 할 수 있는 최악의 행동은
강한 척하는 것이다.

죄책감과 수치심에 이어 이번 장에서 또 다른 한 쌍의 내적 문제들을 살필 텐데, 아무래도 내(매트) 이야기로 포문을 여는 것이 가장 적절할 듯싶다.

아는 사람은 알겠지만 몇 년 전에 나는 극심한 발작을 겪었다. 어느 날 아침에 갑작스럽게 발작이 일어나 병원에 가 보니 오른쪽 전두엽에서 종양이 발견되었다. 말로만 듣던 뇌종양이었다. 뇌종양은 생사를 장담할 수 없는 질병이다.

나는 두개골을 열고 뇌의 상당 부분을 절제하는 수술을 받아야만 했다. 그만큼 문제가 심각했다. 이 수술을 받은 뒤에는 18개월의 화학요법과 6주간의 방사선 치료가 나를 기다렸다. 치료가 끝난 뒤에도 의사들은 남은 평생 암이 재발되지 않았는지를 정기적으로 확인해야 한다고 말했다. 그들은 내 암은 '반드시' 재발한다고 말했다.

그들의 말대로라면 지금쯤 나는 이 세상 사람이 아니어야 한다. 그러고 보면 의사가 '모든 것'을 아는 것은 아니다.

나처럼 생사의 기로에 서 보지 않은 사람을 위해서 암 환자가 겪는 상황을 맛보기로 약간만 설명해 보겠다.

"길어야 이삼 년입니다."

의사가 이런 말을 할 때는 이삼 년간 먹고 싶은 것을 마음껏 먹고 세계여행을 즐기면서 삶을 정리하라는 뜻이 아니다. 이는 이삼 년간 일주일에 한 번씩 지옥 같은 고문을 받아야 하고, 그 고문을 받고도 목숨을 잃을 가능성이 아주 높다는 뜻이다.

그래서 두려움과 걱정에 관해서라면 나는 누구보다도 할 말이 많은 사람이다. 밤에 병실 침대에 누워 캄캄한 천장을 응시하며 아내와 아이들, 나 자신, 아니 삶 전체에 대해 걱정했다. 고통이나 불안감이 엄습할 때 내 몸이 얼마나 순식간에 경직되는지, 한없이 요동치는 마음을 추스르는 데 얼마나 많은 시간이 걸리는지 잘 안다. 보통 사람은 평생 겪지 않을 악몽, 드라마에나 나올 법한 고통을 겪고 나서 삶이 얼마나 힘든지를 누구보다도 절실히 알게 되었다.

누구도 이런 악몽을 원하지 않는다.

하지만 이 고통 가운데서 강인한 친구들을 만난 건 하나님의 은혜였다. 나와 비슷한 시기에 원발성 뇌종양 진단을 받은 환자들과 친해졌는데, 우리는 그 지독한 병마와 잘 싸워왔다. 좌절할 수밖에 없는 상황에서도 강하게 마음을 지키는 환자들을 보고서 얼마나 큰 격려와 위로를 받았는지 모른다.

그러다가 갑자기 몇 주 간격으로 두세 명이 세상을 떠났다. 이 소식을 전해 듣고 또 직접 그들의 장례식을 집도하고 나서는 등골이 서늘해지면서 온갖 근심과 걱정이 나를 사로잡았다.

'다음번은 나일까?'

'정말 나도 이대로 죽는 건가?'

두려웠다.

그렇지만 나와 가족의 극심한 위기 속에서도, 당신의 비슷한 역경 속에서도, 원인 모를 두려움과 걱정의 한복판에서도, 질병의 한복판에서도, 죽을 만큼 두려운 상황의 한복판에서도….

예수 그리스도의 복음은 우리의 안절부절못하는 마음에 확실한 답이 되어 준다.

아니, 그 외의 모든 문제에 대한 답이 되어 준다.

평안의 이유

앞서 말했듯이 에덴동산은 인류를 향한 하나님의 이상을 보여 준다. 그 이상은 바로 완벽한 관계다. 지금도 이 이상은 우리 안에 부러움과 갈망을 일으키고 있다. 지금도 이 이상은 망가진 것을 회복시키실 수 있는 유일한 분께로 우리를 이끌고 있다.

이 낙원에는 죄 없는 상태와 명예가 존재했다. 물론 이 둘은 원죄로 타오르는 땅 위에서 죄책감과 수치심의 재로 변해 버렸지만 말이다. 이 외에도 죄가 들어오기 전의 낙원에는 두려움과 걱정의 반대 속성들도 존재했다.

다시 말해, 에덴동산은 '평안'과 '번영'의 땅이었다.

예를 들어, 아담은 절대 나무에서 떨어져 목이 부러질 일이 없었다. 아담과 하와는 상대방의 화가 가라앉을 때까지 서로 별거할 필요성이 전혀 없었다. 뛰어난 이혼 전문 변호사가 있는지 찾아다닐 필요도 없었다. 그들의 일상 업무는 힘들기는 했지만 고되지는 않았다. 부족함이나 걱정, 의심, 식은땀 같은 것은 없고 오로지 완벽한 신뢰와 만족만 가득했다.

하지만 죽음이 이 세상에 들어왔다.

세상에 부정적인 감정이 전혀 없다고 해 보라. 지금은 매일같이 사람들이 죽어 나가기 때문에 죽음이라는 개념이 낯설지는 않다. 하지만 언젠가 죽는다는 생각은커녕 슬픔이나 충격을 단 한 번도 느껴 보지 않았다면? 자신의 몸이 흙에서 왔으니 흙으로 돌아간다는 생각을 해 본 적도 없다면?

그런 상황에서의 두려움은 차원이 달랐다.

듣도 보도 못한 일에 대한 두려움.

이 비극적인 시점부터 두려움과 걱정은 인간의 마음을 괴롭히기 시작했다. 그때부터 지금까지 인류, 심지어 하나님의 구속받은 자녀들도 하나님이 주신 평안과 번영을 빼앗긴 기분에 시달려 왔다.

하지만 정작 중요한 것은 두려움이 아니다. 정말로 중요한 것은 평안과 번영이 아니다. 인류 타락 이전에 존재했던 평안과 번영은 아담과 하와가 추구했던 목표가 아니었다. 아담과 하와가 추구했던 것은 편안한 환경과 삶의 조건이 아니었다. 그들이 추구한 것은 오직 하나님뿐이었다. 하나님과 친밀한 교제를 나누는

한, 그들은 복이 찾아올지 전혀 신경 쓸 필요조차 없었다. 그분이 그들의 의요 순결이요 정체성이요 존엄이요 명예의 근원이셨다.

그분이 평안의 근원이셨다.

그분이 번영의 근원이셨다.

그분이 그들이 두려움을 모르는 이유였다.

지금 우리는 인류 타락 전과 전혀 다른 시대에 살고 있지만 두려움과 걱정을 극복하는 해법은 그때나 지금이나 똑같이 완벽히 일차원적이다.

관건은 문제 해결이 아니라 하나님이다.

관건은 최악의 시나리오가 전부 사라지는 것이 아니라 하나님이다.

관건은 고난 없이 평온하고 한가롭기만 한 삶이 아니라 하나님이다.

관건은 예나 지금이나 앞으로도 계속해서 하나님이다.

이것이 성경에서 하나님이 "모든 위로의 하나님"(고후 1:3)으로 자기소개를 하시는 이유다. 그렇다. 하나님은 모든 고난 속에서 그 무엇과도 비교할 수 없는 위로를 주시는 분이다. 그분의 위로는 병이 호전되었다는 의사의 소견 따위와 비교할 수 없다. 자녀의 좋은 성적표와도 비교할 수 없다. 제조사의 무상 수리 보증과도 비교할 수 없다.

이런 좋은 소식과 보험 증권이 잠시 우리의 마음을 편하게 만들 수는 있지만 그래 봐야 또 다른 시련이 찾아올 때까지만이다. 그래서 하나님은 그분 자신을 우리의 영원한 "아빠" 아버지로 주고자 하신다(롬 8:15 참조). 하나님은 우리에게 필요한 모든 도움을 주시는 분이며 두려워하지 않을 유일한 이유시다.

아빠(Abba). 그렇다고 우리가 흔히 생각하는 아빠를 떠올리면 안 된다. 예수님 당시의 유대인들은 아버지에게 감히 그런 호칭을 쓸 생각조차 못했다. 그런 호칭을 썼다가는 대번에 후레자식 취급을 받았다. '아빠'가 가족의 친밀함을 함축하고 있기는 하지만 거기에는 "우리 아빠가 너희 아빠보다 더 힘이 세" 혹은 "세상 무엇도 우리 아빠를 이길 수 없어"라는 의미 이상의 메시지가 담겨 있다.

사실, 하나님의 자녀에게도 얼마든지 고난이 닥칠 수 있다. 두렵고 충격적인 일이 벌어질 수 있다. 그것은 단순히 우리의 삶 속에서 모든 고통을 제거하는 것이 하나님의 뜻이 아니기 때문이다. 우리의 손을 잡고 가시밭을 돌아가는 것은 하나님의 뜻이 아니다. 하나님은 우리의 손을 잡고 두려움을 뚫고 나가기를 원하신다. 그래서 애초에 두려워할 것이 전혀 없다는 사실을 보여 주고자 하신다.

그분이 함께 계시는 한.

평화의 왕이 이끄시는 한.

두려워할 것은 하나도 없다.

따라서 인생의 압박과 문제 앞에서 우리는 두려움과 걱정에 빠질 이유가 없다. 아울러 하나님은 두려움과 걱정조차 구속하실 수 있다. 세상에서 가장 두렵고 걱정스러운 일조차도 하나님의 지혜와 능력이라는 렌즈를 통해서 보라. 그 일 위에 복음의 따뜻한 담요를 덮으라. 그러면 두려워서 꼼짝 못하는 것이 아니라 그 두려움으로 뭔가 더 좋은 일을 시작할 수 있다.

변화를 시작할 수 있다.

두려움은 내 우선순위를 보여 준다

분노와 마찬가지로 두려움도 무조건 나쁜 건 아니다. 건강한 두려움은 우리로 하여금 돌진하는 트럭을 피해 몸을 던지게 만든다. 아니, 애초에 인도에서 나와 차도로 들어가지 않게 한다. 이런 두려움이 없는 사람은 정신지체 장애인이거나 과대망상증 환자다. 계속해서 그런 식으로 살다간 제명에 못 죽는다.

따라서 분명 옳은 두려움이라는 것이 있다. 합리적인 두려움이 있다. 세상에는 분명 미워하고 피해야 할 것들이 있다.

하지만 실체 없이 머릿속의 상상만으로 이루어진 가짜 두려움도 있다. 아직 일어나지도 않은 일로 기쁨과 평안을 빼앗기는 것, 누가 봐도 화창한 날인데 혼자서 무기력해지는 것이 그런 경우다. 내일 일을 너무 두려워하면 바로 눈앞에 있는 행복도 누리지 못한다.

그러나 진짜 두려움이든 상상 속의 두려움이든 우리 자신에 관한 중요한 정보를 제공한다. 두려움은 우리가 무엇을 가장 소중히 여기는지를 밝혀 준다. 우리의 관심이 어디에 쏠려 있는지를 말해 준다. 백 마디 말보다 우리의 두려움이 우리의 우선순위를 더 정확히 보여 준다. 소중히 여기는 것일수록 그것을 잃는 것에 대한 두려움이 커진다.

다시 말하지만 우리가 소중히 여기는 것 자체가 나쁜 것이 아니다. 예를 들어, 자식을 끔찍이 여기는 것은 잘못이 아니다. 부모라면 자녀의 건강과 친구 관계, 감정, 미래에 관심을 갖는 것이 너무도 당연하다. 때로 부모는 일주일 내내 자녀를 생각하고 자녀에 관한 말을 하기도 한다. 우리는 왜 자녀 문제에 이토록 관심을 집중하는가? 그것은 자녀를 지극히 귀히 여기기 때문이다.

그러나 물건과 사람, 관계, 심지어 같은 지붕 아래 사는 자녀까지 이 땅의 모든 것은 언제라도 우상으로 변할 수 있다. 하나님의 충분하심과 주권을 온전히 믿지 못하면 그렇게 된다. 하나님이 이런 것을 안전하게 혹은 우리의 뜻대로 통제하시지 못한다고 생각될 때 우리는 이것들을 우리 스스로 통제하려고 한다. 물론 그것은 다 헛수고일 뿐이다.

이렇게 영적으로 표류할 때, 스스로 하나님이 되려고 할 때, 우리의 두려움은 점점 더 불건전하고 이기적으로 변해 간다. 우리의 두려움이 점점 교만과 자신만의 추측에서 나오기 시작한다. 복음을 통해 믿음 안에서 쉬지 못하고 점점 불안의 바다로 떠내려 간다.

성경에 따르면 인생의 고난은 고작해야 "잠시 받는 환난의 경한 것"(고후 4:17)에 불과하다. 그렇다고 고난이 아무것도 아니라는 뜻은 아니다. 하나님은 고난이 우리의 어깨를 얼마나 무겁게 짓누르는지 잘 알고 계신다. 고난은 실재하고 실질적으로 고통스럽다. 그리고 삶은 고난의 연속이다. 하지만 하나님이 사랑하는 자녀요 상속자들을 위해 준비하고 계신 "영원한 영광의 중한 것"(고후 4:17)에 비하면 그깟 고난쯤은 아무것도 아니다.

건강, 돈, 자동차 수리, 보일러, 신용 점수, 평판, 판매 실적, 보험 혜택, 학업, 허리둘레, 아들딸의 이성 친구까지 지금 이 순간 우리가 걱정하는 모든 것이 만 년 뒤에 보면 아무것도 아닐 것이다.

이것을 어떻게 아느냐고? 십 년 전, 아니 작년 한 해만 돌아봐도 당시 우리가 걱정했던 모든 것이 "잠시"의 "경한 것"에 불과했다. 젊은 시절에는 그토록 심각하던 일이 머리가 희끗해지고 나서 보면 그저 헛웃음만 나올 뿐이다. 그러니 만 년 뒤에 보면 오죽 더하겠는가.

다음 구절에서 예수님도 똑같은 말씀을 하고 계신다.

목숨을 위하여 무엇을 먹을까 무엇을 마실까 몸을 위하여 무엇을 입을까 염려하지 말라 목숨이 음식보다 중하지 아니하며 몸이 의복보다 중하지 아니하냐(마 6:25).

산상수훈에서 뻗어 나온 이 가르침을 잘 아는 사람이라면 그분이 계속해서 이 가르침의 근거로 (하나님이 매일같이 먹이를 공급해 주시는) "공중의 새"와 (비록 수명은 짧지만 하나님이 아름답게 장식해 주시는) "들의 백합화"를 제시하셨다는 사실을 알 것이다(26-30절 참조). 하지만 예수님은 풍랑을 잠재우실 때와 똑같은 방식으로 걱정에 관한 이 교훈을 마무리하셨다. 예수님은 제자들을 벌벌 떨게 만든 풍랑을 잠재우신 뒤에 "너희 믿음이 어디 있느냐?"라고 물으셨던 것처럼 이번에도 믿음을 지적하셨다. "믿음이 작은 자들아"(30절). 지금도 주님은 우리에게 그렇게 말씀하고 계신다.

왜냐하면 모든 것은 믿음으로 귀결되므로.

모든 것은 복음으로 귀결되므로.

대부분의 두려움과 걱정은 하나님의 선하심을 믿지 못하는 데서 비롯한다. 걱정한다는 것은 하나님이 필요한 것을 채워 주실 줄 믿지 못하는 것이다. 하나님이 우리를 가장 좋은 길로 이끄실 줄 믿지 못하는 것이다. 하나님이 우리를 돕고 싶어도 뭘 어떻게 해야 할지 모르신다고 생각하는 것이다.

우리는 하나님의 위대하심과 선하심을 의심한다.

먼저 이 사실을 인정하는 것이 급선무다. 우리가 두려움에 떠는 것이 하나님의 전능하심보다 자신의 힘과 계획을 믿기 때문이라는 점을 솔직히 인정하고 고백해야 비로소 두려움을 극복할 길이 열린다. 그렇지 않으면 늘 노심초사하며, 집안에서 달그락 소리만 나도 119 번호를 누른다.

그러니 스스로에게 물어보라.

'지금 당장 두려운 일보다 훨씬 더 어려운 영원의 실타래를 풀어 주신 분을 나는 왜 믿지 못하는가?'

그렇게 하지 못하는 이유들은 분명히 있다. 충분히 이해할 만한 이유들이 있다. 과거에 수없이 배신을 당해서 마음이 심각하게 일그러졌는가? 하도 불행한 일을 많이 겪다 보니 아무리 낙관적인 상황에서도 왠지 모를 불안감에 시달리는가? 워낙 자립심이 강해서 하나님을 의지하기가 쉽지 않은가? 자신을 잘 분석해 보면 모든 불신과 불안에는 나름의 이유가 있다.

하지만 이제는 현실을 직시해야 할 때다. 우리가 조심하고 머뭇거리고 철저히 관리하면 모든 상황을 통제할 수 있다는 것은 지독한 착각이다. 스스로 상황을 통제하려는 노력은 모두가 시간과 정력 낭비다.

예수님은 "너희는 먼저 그의 나라와 그의 의를 구하라 그리하면 이 모든 것을 너희에게 더하시리라"(마 6:33)라는 약속을 주셨다. 따라서 이 약속을 믿는다면 두려움과 걱정에 빠질 필요가 없다. 이 복음을 통해 두려움과 걱정에서 더 많은 자유를 얻을수록 하나님을 더 깊이 사랑하게 된다. 예전에 다른 것들이 차지했던 우리 인생의 자리에 다시 그분을 모시고, 그분을 삶에서 가장 중요하고 귀한 분으로 여기게 된다.

그분 안에서 참된 평안을 얻게 된다.

걱정을 환한 빛 가운데로 끌어내라

다시 내(매트) 이야기로 이번 장을 마무리하고자 한다.

앞서 말했듯이 나는 암 때문에 주기적으로 뇌 검사를 해야
만 한다. 대개 몇 달 전에 검사 날짜가 잡힌다. 그러면 검사 날짜
까지 혹시 암이 재발하지 않았을까 하는 공포에 시달린다. 두려움
에서는 목사들도 열외가 아니다.

하지만 지금 나는 1월에 검사가 잡혀 있다는 통보서를 만지
작거리며 결단을 내렸다. 복음의 결단. "한 날의 괴로움은 그날로
족하니라"(마 6:34)라는 주님의 말씀을 따르기로 결심했다. 내일 일
은 염려하지 않기로 했다. 주님이 이미 나보다 먼저 검사 당일로
가셔서 모든 상황을 주장하셨으니 나는 이 하루 동안 오직 그분
의 위대하심과 선하심만을 찬양할 것이다. 내일 아침 동트기 전에
눈을 뜨자마자 검사에 대한 두려움이 몰려오면 그 두려움을 즉시
떨쳐내고 아침마다 새로운 하나님의 긍휼을 바라보리라(애 3:22-23
참조).

우리가 느끼는 두려움이 전부 비현실적이라는 말은 절대 아
니다. 이 암은 실제로 나를 죽일 수 있다. 그런데 때로는 두려움이
나를 어둠 속으로 몰아간다. 두려움과 걱정에 관한 글을 쓰다가도
신세한탄과 지독한 절망 속을 헤맨다.

어떤가? 솔직히 당신도 그렇지 않은가? 그러니 두렵지 않
은 척은 이제 그만하자. 심지어 남들에게 비웃음을 살 만큼 창피
한 일이라도 두려운 건 두렵다고 솔직히 말할 줄 아는 사람이 되

자. 복음은 두려움과 걱정을 "빛 가운데"(요일 1:7) 끌어내라고 말한다. 두려움과 걱정을 없애는 방법은 도망치는 게 아니라 그것을 빛 가운데로 끌어내 우리 아버지께 맡기는 것이다. 그러면 아버지는 우리에게 두려움과 걱정 대신 평안을 주신다.

최근에 한 친구가 암으로 세상을 떠났을 때 나는 그 상황을 잘 이겨 냈다고 생각했다. 이 여인은 생전에 늘 주님과 동행했으며 지금도 영광중에 그분과 동행하고 있다. 그녀의 삶을 생각하면 찬양이 절로 나온다.

그래서 아내가 장례식 후에 "여보, 괜찮아요?"라고 물었을 때 나는 당연히 "응, 괜찮아"라고 대답했다. 하지만 나를 누구보다도 잘 아는 아내는 다시 물었다. "여보, 내 눈을 똑바로 봐요. 정말 괜찮아요?"

나는 괜찮다고 다시 말했다. 빈말이 아니었다. 정말로 괜찮다고 생각했다. 하지만 아내는 내 눈에 고인 눈물을 보고서 내가 마음 깊은 곳에서는 그리 괜찮지 않다는 사실을 알아챘다. 아니나 다를까, 얼마 뒤 내 친구 조시가 전화를 걸어왔다. "자네 부인이 자네한테 전화를 걸어 보라고 하더군. 좀 힘들다면서?"

내가 황당해했을까? 기분이 나빴을까?

감시를 당하는 기분이었을까?

아니다. 두렵지 않은 척 나 자신을 속이는 와중에도 마음 깊은 곳에서 나는 그 두려움과 걱정을 빛 가운데로 끌어내기를 원했기 때문이다.

"그가 빛 가운데 계신" 곳, 그분이 우리로 하여금 "서로 사귐이" 있게 하신 곳, 당장은 아무리 걱정스러워 보이는 일이라 해도 만 년 뒤에 보면 아무것도 아니라는 사실을 서로 일깨워 줄 수 있는 곳. 그 환한 곳으로 나의 두려움과 걱정을 끌어내야 한다. 그러면 그분의 평안과 번영이 다시 내 안을 가득 채울 것이다.

고난 속에서도 빛 가운데로 나오면 우리의 눈이 밝아진다. 빛 가운데로 나오면 언젠가 흙으로 돌아갈 부분(이 땅의 보물)을 평소보다 더 분명히 볼 뿐 아니라 하나님이 영원히 보존해 주실 부분(하늘의 보화)에 다시금 시선을 고정할 수 있다.

물론 그런다고 해서 당장 고난이 사라지는 건 아니다. 여전히 우리는 타락한 세상의 저주 아래서 살아야 한다. 하지만 이제 우리는 아버지의 자상한 품 안에 안겨 새 하늘과 새 땅을 바라보며 소망을 품을 수 있다.

오늘 두려운가? 괜찮다.

너무 걱정스러운가? 괜찮다. 그 심정, 나도 잘 안다.

하지만 그거 아는가? 하나님의 가장 자비로운 역사 중 하나는 오직 그분을 믿는 것 외에 우리가 할 수 있는 일은 아무것도 없다는 사실을 깨우쳐 주시는 것이다. 한낱 시금치가 나를 구해 주지는 못한다. 블루베리 섭취량을 늘리는 것이 현명한 선택일지는 몰라도 그것이 내 혈관의 무단 침입자를 다 몰아내지는 못한다. 나는 선한 청지기일 뿐 스스로 구원자는 될 수 없다.

두려움과 걱정 앞에서 우리가 할 수 있는 최악의 행동은 강한 척하는 것이다. 반면에 최선의 행동은 그 모든 두려움과 걱정을 주님께 맡기는 것이다.

왜냐하면 우리가 맡기지 않아도 만사는 여전히 주님의 손 안에 있기 때문이다.

만사를 그분께 맡기면 그분의 평안이 임한다.

이 평안은 단순히 좋은 게 아니라 정말 멋진 것이다.

03

날마다
'그날 승리하는 데'
집중하라

그리스천의
삶은
가시밭길이다.

"그날 이후로 내 삶은 훨씬 더 힘들어졌다."

이것이 현실이다. 그런데 요즘 기독교를 보기 좋고 먹기 좋게 꾸미려는 사람들이 많다. 그들은 기독교를 퍼레이드와 솜사탕, 놀이기구로 가득한 놀이동산 입장권쯤으로 포장한다. 하지만 우리는 그럴 생각이 추호도 없다. 좋고 편한 면만 선전하는 하나님의 선전부장 자리에는 일말의 관심이 없다. 눈앞의 고난으로 인해 혼란에 빠져 있는 신자, 구원 같은 이야기는 사탕발림이라고 확신하는 불신자. 당신이 어떤 부류이든 간에 미셸이란 여자가 예수님을 영접하기까지 14년을 돌아보며 쓴 위의 문장을 답으로 제시하고 싶다.

그녀가 말하는 "그날"은 바로 예수님을 영접한 날이다. 참고로, 그날 이전(그녀의 표현을 빌자면 그녀의 삶이 "훨씬 더 힘들어지기" 전)의 삶은 아동 학대, 알코올 중독, 우울증, 배우자에 대한 의존, 스트리퍼 일로 이루어져 있었다. 한번은 방바닥에 엎드려 간호사들에게 자신이 죽어서 지옥에 가게 내버려 두라고 소리를 친 적도 있었다. 지옥도 이 삶보다는 나을 것이라 확신했다.

하지만 복음, 특히 매일같이 죄에서 조금씩 해방되기 위한

고통에 관해 알수록 이 여인처럼 고백할 수밖에 없다. 크리스천의
삶은 결코 편한 삶이 아니다. 그 길은 가시밭길이다.

미셸에게 크리스천의 삶은 용서하지 않으려는 마음과 비협
조적인 남편에 대한 미움 같은 죄와의 사투를 의미했다. 성령이
임한 뒤에도 죄가 알아서 사라져 주지는 않았다.

악한 제2천성의 역풍을 뚫고 나가는 것은 매우 힘들었다. 온
갖 죄가 진실의 빛 가운데로 드러나는 것은 고통스러운 일이었다.
자신이 하나님의 은혜를 받아 마땅한 자녀라는 사실을 믿으려고
해도 자꾸만 의심의 구름이 밀려왔다. 하지만 이 모든 상황이 하
나님의 전능한 손 위에 놓이니 그녀를 실질적인 자유로 끌어내기
위한 도구로 변했다. 영적 수술을 받을수록 점차 더 많이 치유되
었다. 자신이 그리스도의 피로 이미 깨끗해져 지극히 높으신 분의
사랑받는 자녀가 되었다는 사실이 점점 더 피부에 와 닿았다. 그
리고 그런 마음의 변화는 평강과 희락, 사랑 같은 영적 열매로 분
명히 나타났다.

그녀의 과거를 속속들이 알고 있는 한 친구는 그 변화에 지
금까지도 놀라움을 금치 못하고 있다. "미셸, 분명히 네가 맞기는
한데 전에 내가 알던 사람과는 너무 달라."

변화. 하나님이 일으키시는 변화.

좋은 삶으로 이어지는 유일한 창구.

그래서 제자리걸음인 것 같아도 복음이 "날로" 천천히 당신
을 새롭게 하고 있으니 "낙심하지" 말라고 하고 싶다(고후 4:16 참

조). 당신에 관해 발견한 불편한 진실들을 주님 앞에 내려놓고 다짐하기를 바란다. '하나님이 나를 최선의 길로 이끌고 계시니 이 변화의 과정에 최선을 다하리라. 하나님이 어떤 식으로 나를 그분의 사랑과 승리로 이끄시든 끝까지 믿고 따라가리라.'

이 변화는 말 그대로 과정이다. 단번에 치료되는 게 아니다. '은 탄환'(silver bullet)은 통하지 않는다.

아는지 모르겠지만 '은 탄환'은 늑대 인간의 전설에서 비롯했다. 오래전 중세 시대에는 끔찍한 살인 사건이 미궁에 빠지면 늑대 인간의 짓이라 여겼다. 늑대 인간은 보름달이 뜨면 흉포한 늑대로 변하는 반인반수의 괴물이었다. 그러나 이 늑대 인간을 범인으로 지목한다 해도 찾아서 죽이기란 결코 쉽지 않았다. 풀밭에 설치하는 덫이나 구식 무기로는 이 무시무시한 악의 화신을 쓰러뜨릴 수 없었다. 늑대 인간을 없애기 위해서는 총으로 쏴 죽이는 수밖에 없었다. 단, 일반 총알로는 어림도 없었다. 총에 특별한 총알을 넣어야만 했다.

은 탄환.

하지만 이제 은 탄환은 판타지 영화에서나 나온다. 물론, 이상하게 생긴 물건을 하루에 1분씩만 허리에 차고 있으면 배에 왕(王) 자가 새겨진다는 홈쇼핑 광고를 곧이곧대로 믿고 덥석 전화기를 드는 어리석은 사람이라면 지금도 은 탄환 얘기를 믿겠지만.

그렇다. 은 탄환은 통하지 않는다. 60초 만에는 복근이 생길 수 없다.

신앙 성숙도 마찬가지다. 미스터 유니버스나 모델처럼 매일 같이 뼈를 깎는 훈련을 감내해야만 한다.

크리스천의 훈련은 세 부분으로 이루어진다. (1)옛것을 '버린다.' (2)새것을 '다시 심는다.' (3)하나님께 이 변화의 과정을 이어갈 수 있도록 도와달라고 '요청한다.'

"그날 이후로 내 삶은 훨씬 더 힘들어졌다."

하지만 어느 날 미셸은 몰라보게 달라진 자신을 보고 깜짝 놀랐다. 당신도 그렇게 될 것이다.

버리고 다시 심으라

전에 당신이 얼마나 죽은 존재였는지 기억하는가?

기억나지 않는다면 성경을 읽어 보라.

> 그는 허물과 죄로 죽었던 너희를 살리셨도다 그때에 너희는 그 가운데서 행하여 이 세상 풍조를 따르고 공중의 권세 잡은 자를 따랐으니 곧 지금 불순종의 아들들 가운데서 역사하는 영이라(엡 2:1-2).

예전에는 그랬다.

하나님이 은혜의 손을 뻗어 새롭게 빚어 주시기 전까지 우리의 삶은 죽음 속에 깊이 뿌리를 내리고 있었다. 우리는 창조주와의 관계 밖에 있었다. 우리는 하나님과 단절되어 더럽고 빈약한 땅에 뿌리를 내린 채 죄책감과 수치심, 두려움과 걱정, 이기적인 욕망과 교만, 인정에 대한 목마름, 세상적인 욕심, 거짓 종교의 구렁텅이에서 허덕이고 있었다.

이런 뿌리 중 일부는 뿌리를 뽑기가 지독히 어렵다.

이것은 "육체와 마음의 원하는 것을" 함으로 분노와 학대, 자기혐오, 정욕 같은 불쾌한 열매를 생산하는 뿌리다. 이런 뿌리로 인해 우리는 "다른 이들과 같이 본질상 진노의 자녀"였다(엡 2:3).

그렇다. 우리 모두는 '과거에는' 진노의 자녀였다. 우리는 하나님의 진노를 받는 대상이었다. 이것은 갑작스럽게 내리치는 번개나 삽시간에 마을을 쓸어가는 해일 같은 '진노'가 아니었다. 이것은 하나님과의 사이가 조금씩 벌어지는 것을 의미했다.

하지만 하나님의 진노는 긍휼의 색으로 짙게 물들어 있다. 성경을 보면 하나님이 진노하셨을 때는 사람들이 제멋대로 굴게 놔두신다. 그것은 그 과정에서 결국 그들의 자아가 죽을 줄 아시기 때문이다. 하나님은 그들이 막다른 골목에 이르러 구해 달라고 절박하게 부르짖을 때까지 기다리신다. 피조물은 "허무한 데 굴복"(롬 8:20)하지만 하나님의 무한하신 긍휼로 인해 어디까지나 소망의 해변이 보이는 범위 안에서만 표류할 뿐이다.

"긍휼이 풍성하신 하나님이 우리를 사랑하신 그 큰 사랑을 인하여 허물로 죽은 우리를 그리스도와 함께 살리셨고"(엡 2:4-5). 우리는 더 이상 과거 속에 있지 않다. 과거에서 벗어나 현재를 지나 미래로 향하고 있다. 이세 우리는 죽음에서 벗어나 생명으로 향하는 새로운 궤적 위에 올랐다. 우리의 영혼은 이미 "새로운 피조물"로 다시 태어났다(고후 5:17, 갈 6:15 참조). 천국행 티켓은 우리의 손에 들어왔다. 그러나 다 경험을 통해서 알다시피 회심은 우리의 악한 행동, 나아가 그 이면의 악한 본성과 태도를 뿌리 뽑는 긴 과정의 출발점일 뿐이다.

그래서 인생은 계속해서 힘들다.

왜냐하면 뿌리는 대개 천천히 죽기 때문이다.

뿌리에는 은 탄환이 먹히지 않는다.

우상 숭배의 길에서 벗어나 복음 중심의 길로 가기 위해 죄와 사투를 벌이고 있는가? 두려움을 떨쳐내기 위한 노력이 지독히 고통스러운가? 하지만 뿌리까지 뒤흔드는 이 고통스러운 경험에는 다 이유가 있으니 절망할 필요는 없다. 이 고통스러운 경험을 주시는 분은 다름 아닌 하나님이시다. 하나님은 단지 악한 행동의 가지를 잘라내는 것만으로는 우리가 온전해지지 않는다는 사실을 잘 알고 계신다. 그래서 악한 뿌리까지 뽑아내기 위한 고통스러운 상황을 허락하신다.

'아무래도 나는 구원을 받지 못한 것 같아.' 그렇지 않다. 그것은 오히려 정반대 상황의 증거다. 또다시 죄를 지어 답답한가? 그것은 하나님이 새 마음을 주셨기 때문이다. '주님을 따르는 길이 왜 이리도 힘든가?' 그것은 하나님이 당신을 지극히 사랑하시기 때문이다. 하나님은 이번 주나 내년이 아니라 훨씬 더 먼 미래까지 미리 생각하신다. 하나님은 당신이 죄와 비밀에 발이 묶여 속박의 삶을 살지 않고 모든 면에서 하나님과 동행하며 온전한 자유를 누리기를 원하신다. 나아가, 당신 이후 세대까지 사랑과 생명만 가득하고 짐은 적은 삶의 복을 누리기를 원하신다. 하나님이 당신의 마음속으로 더 깊이 들어가 더 무자비하게 뿌리를 솎아내실수록 당신 후대의 밭이 더 아름다워진다.

당신의 삶 속에 깊이 박혀 심지어 지구 반대편까지 뚫고 나온 거대한 악의 뿌리가 있다. 성령의 손이 그 뿌리를 잡아 뽑고 계신다. 물론 그로 인한 고통은 너무나 크다. 우리가 거부하고 반대쪽으로 잡아끌수록 그 고통은 더 심해진다. 하지만 하나님이 작은 잔뿌리까지 다 뽑아내실 때까지 우리의 삶을 맡기는 것 외에는 그 악한 뿌리가 우리 삶의 보이지 않는 밑바닥에서 사방으로 뻗어나가는 것을 막을 길이 없다.

그러니 그 고통을 싫어하지 마라.

뿌리를 미워하고 정원사는 미워하지 마라.

그리고 자신을 복음의 땅에 다시 심으라. 그러면 새로워지고 성화된 뿌리에서 훨씬 더 달콤한 열매가 맺힐 것이다.

'정말 지긋지긋해. 이젠 좀 나아질 때도 되었건만.'

그 심정, 충분히 이해한다. 우리 두 사람(매트와 마이클)만큼 오래 신앙생활을 했으면 악한 뿌리를 모조리 없앨 만도 하지만 실제로는 전혀 그렇지 못하다. 지금도 악한 열매가 느닷없이 열려, 갈 길이 멀다는 사실을 뼈저리게 느낀다.

176

'휴, 이 죄는 이제 완전히 극복한 술 알았건만. 다음 죄로 넘어가도 되는 줄만 알았는데.'

똑같은 죄를 또다시 다뤄야 한다는 사실이 정말로 믿기지 않는다. 하지만 우리에게서 아직도 악한 열매가 나온다는 사실만큼이나 하나님의 사랑을 볼 줄 알아야 한다. 하나님은 우리를 너무 사랑하시기 때문에 우리 자신과 남들에게 해롭고 그분께도 영광이 되지 않는 것들을 그냥 놔두실 수 없다. 그래서 그것들을 드러내고 도려내는 작업을 끊임없이 하시는 것이다. 이 사랑을 바라보며 끝까지 포기하지 말아야 한다.

중요한 것은 무엇을 원하느냐다. 우리의 마음을 세상의 왕국(참된 만족을 주지 않는 세상적인 것들)에 심으면 그 뿌리에서 중독과 근심, 우울증, 학대, 불의한 분노 같은 나쁜 열매가 맺힐 수밖에 없다. 반면, 우리의 마음을 하늘나라(하나님의 진리와 약속)에 심으면 우리 안에 사랑과 희락, 화평, 오래 참음, 자비, 양선, 충성, 온유, 절제 같은 성령의 열매가 맺힌다. 그러면 언제나 예수 그리스도의 복음을 통해 흘러나오는 은혜의 강가에 뿌리를 내리고 살아갈 수 있다.

그뿐만이 아니다. 하나님을 왕으로 섬기는 것이 왜 그만한 가치가 있고, 하나님이 우리에게 이토록 많은 투자를 하신 것이 왜 "그 은혜의 지극히 풍성함"인지를 당장은 이해하기 힘들지만 하나님이 "오는 여러 세대에" 그것을 깨닫게 해 주실 것이다(엡 2:7 참조).

따라서 우리는 계속해서 과거의 자신(아직도 우리에게 자연스럽고 옳아 보이는 일)을 '버리는' 동시에 "우리는 그가 만드신 바라 그리스도 예수 안에서 선한 일을 위하여 지으심을 받은 자니"(엡 2:10)라는 복음의 약속에 끊임없이 우리 자신을 '다시 심어야' 한다. 우리는 "유혹의 욕심을 따라 썩어져 가는 구습을 따르는 옛 사람을 벗어 버리고 오직 … 심령이 새롭게 되어 하나님을 따라 의와 진리의 거룩함으로 지으심을 받은 새 사람을"(엡 4:22-24) 입어야 한다. 이것이 우리의 '현재' 상태다.

'과거에' 우리는 죄로 죽은 상태였다. 우리는 이 세상의 길을 따르는 사람이었다. 우리의 본성은 하나님의 진노의 대상이었다.

하지만 이제 하나님이 우리를 그분과 함께 살리셨다.

매일같이 인도하심을 구하라

날마다, 매일같이 노력하라. 은 탄환이 아니라 참된 관계가 답이다. 성경에서 바울이 자주 쓰는 표현 가운데 하나는 "단번에"다. 우리의 구원이 단번에 이루어지는 것이라 얼마나 감사한지 모른다.

하지만 이 버리고 다시 심는 일은 단번에 이루어지는 것이 아니다. 그것은 매일 조금씩 "우리의 겉사람은 낡아지나 우리의 속사람은 날로 새로워"(고후 4:16)지는 과정이다. 하나님이 이 과정을 이런 식으로 관리하시는 이유 중 하나는 그래야 우리가 늘 그

분을 찾아와 간구하기 때문이다. 그래야 우리가 스스로 해낼 수
없는 일에 혼자서 덤벼들지 않기 때문이다. 그래야 복음의 모든
복은 우리가 그리스도 안에 숨겨지고 하나님과 하나가 된 결과라
는 사실을 망각하지 않기 때문이다.

그래서 우리는 매일같이 간구해야 한다. 우리의 부족함을 인
정하고 그분께로 달려가야 한다. 회개함으로 은혜를 받고 고백함
으로 변화를 받아야 한다. 지금까지 실패했다고 좌절하지 말고 앞
으로 또 얼마나 많은 죄를 지을까 걱정하지도 말고 오직 오늘 승
리하는 데 집중해야 한다. 오늘의 승리, 이것이 목표다. 온전한 삶
의 걸림돌을 그냥 놔두시지 않는 하나님께 감사하며 오늘도 계속
해서 전진해야만 한다.

누구에게나 인생은 고난의 연속이다. 그리스도와 함께 살든
그리스도 없이 혼자서 살든 좋은 시간과 축하할 일만큼이나 슬픈
일도 많기 마련이다. 계속해서 죄를 짓는 자신에게 지친 신자들,
기독교를 불필요한 짐처럼 여기는 불신자들. 상관없이 누구에게
나 삶은 결코 순탄하지만은 않다.

그러나 인생의 마지막 날에 후회 속에서 아쉬운 삶을 마감
하고 싶은가? 아니면 하나님의 은혜로 몰라보게 변화된 자신의
모습에 뿌듯해하며 눈을 감고 싶은가?

"미셸, 분명히 네가 맞기는 한데 전에 내가 알던 사람과는 너
무 달라."

그것은 고난 속에서 더 나은 사람으로 변했기 때문이다. 고

난 속에서도 하나님의 예배자로 남은 결과 그리스도를 닮은 모습
으로 성장했기 때문이다.

PART 4

포기하고 싶은 공동체,
복음대로 품으라

01
..

먼저 잘못을 인정하고
먼저 손 내밀라

하나님은 무조건
화목을 추구하라고 말씀하신다.
단, 그분의 방식대로 화목을 추구해야 한다.

아무 부류나 한곳에 모아놓고 지난 12-18개월 사이에 어떤 식으로든 다른 사람에게 죄를 짓거나 상처를 준 적이 있는지 물어보라. 그러면 거의 대부분이 손을 들 것이다. 예를 들어, 텍사스 주 플라워 마운드의 우리 지교회에서 어느 주일 아침 5천 명 남짓에게 눈을 감게 하고 이 질문을 던졌더니 무려 85퍼센트가 손을 들었다. 교회뿐 아니라 어디서도 손을 들기 싫어하는 10퍼센트("오른손이 있는가?"라고 물어도 손을 들지 않을 사람들)에다 자신의 잘못을 절대 인정하지 않는 사람들을 고려한다면 거의 백 퍼센트라고 해도 과언이 아니다.

물론 과학적인 근거를 대라고 하면 할 말이 없지만, 이 책을 읽을 만큼의 지적 수준을 가진 사람이라면 거의 대부분이 이렇게 말하리라 확신한다. "맞아. 나도 그런 적이 있어. 최근에 누군가에게 죄를 지은 적이 있어. 그러고 나서 사과를 하지도, 내 잘못을 바로잡지도 않았지."

이 부분에서 누구도 자유롭지 못하다. 그런 의미에서 그야말로 전 세계적인 화해가 이루어져야 한다. 서로가 마주앉아 앙금을 푼다면 관계가 회복될 뿐 아니라 각자의 마음속에서 양심의 찔림이 사라져 속이 편해질 것이나. 무엇보다도 이것은 바로 복음을 실천하는 길이다. "너희가 서로 사랑하면 이로써 모든 사람이 너희가 내 제자인 줄 알리라"(요 13:35).

그 결과는 실로 놀라울 것이다. 영적으로 보면, 하나님 나라 전체에 걸쳐 놀라운 일이 벌어질 것이다.

하지만 준비도 없이 이 거친 파도 속으로 뛰어들 수는 없다. 우리가 이 책의 순서를 이와 같이 정한 이유가 여기에 있다. 우리는 우리가 그리스도를 통해 완전한 용서를 받고 아버지의 기뻐하시는 자녀로 입양되었으며 죄책감과 수치심, 두려움과 걱정, 분노, 학대, 정욕, 반역의 짐을 없애기 위한 수단을 받았다는 사실을 먼저 살폈다. 그것은 먼저 그 사실을 확실히 알아야 남을 용서할 수 있는 자유가 생기기 때문이다.

황금률은 이 점을 가장 분명하게 보여 준다. 예수님에 따르면 가장 큰 계명은 "네 마음을 다하며 목숨을 다하며 힘을 다하며 뜻을 다하여 주 너의 하나님을 사랑하고 또한 네 이웃을 네 자신 같이 사랑하라"(눅 10:27)라는 것이다. 이 순서에는 분명한 이유가 있다. 언제나 하나님 사랑이 이웃 사랑보다 우선이어야 한다. 우리가 다른 이들을 사랑하지 못하는 것은 무엇보다도 하나님과의 관계가 틀어졌다는 증거다. 남들과 진정으로 화해하려면, 변화된 마음과 그리스도 사랑으로 이웃들에게 다가가려면 먼저 수직적인 관계가 바로 정렬되어 하나님 안에서 쉼이 있어야만 한다. 우리가 이미 온전한 사랑을 받고 있다는 사실을 확신해야만 한다.

하나님이 구원을 통해 주신 은혜와 용서를 진심으로 받아들일 때 그에 대한 감사가 이웃 사랑의 모습으로 주변으로 흘러넘친다.

물론 하나님과 화해한다고 해서 다른 이들에게 죄를 짓지도, 남들에게 상처를 입지도 않는(다음 장을 위한 노골적인 예고) 건 아니다. 단, 구속의 회복이란 인생의 이 수평적인 측면까지도 복음을 통해 완전히 구속되었다는 뜻이다.

자, 기대하라. 앞으로 '더 큰' 자유가 당신을 찾아올 것이다.

옳고 그름을 따지는 것보다 더 중요한 것

몇 장 앞에서 살폈던, 구속을 얻기 위한 헛된 방법 네 가지가 기억나는가? 구원을 받기 전에 우리는 기본적으로 이 네 가지 어리석은 전략 중 하나를 통해 구속을 얻으려고 애썼다. 심지어 그리스도를 구주로 영접한 뒤에도 자꾸만 이런 헛된 방법으로 돌아가는 사람들이 많다.

'자기 자신'을 통해 구속을 얻으려는 사람들.

그들은 스스로 의를 이루려고 애를 쓴다.

'남들'을 통해 구속을 얻으려는 사람들.

그들은 늘 다른 이들의 인정과 사랑을 갈구한다.

'세상'을 통해 구속을 얻으려는 사람들.

그들은 세상이 자신의 빈 공간을 채워 주리라 믿는다.

'종교'를 통해 구속을 얻으려는 사람들.

그들은 믿음을 인간적인 노력으로 변질시킨다.

이 마른 우물들은 앞서 다룬 악영향들 외에도 우리의 관계를 심각하게 망쳐 놓는다. 예를 들어, 더 나은 '나 자신'을 만드는 데 집착하다 보면 어쩔 수 없이 다른 사람들을 이용하게 된다. 자신의 목적을 위해 남들을 소모품처럼 이용할 수밖에 없다. 남들을 현혹시켜 위대한 사람이라는 칭찬을 들었다고 치자. 남들을 내 뜻대로 움직이게 만들었다고 치자. 하지만 과연 그렇게 해서 진정한 우정이 꽃피우겠는가? 과연 가족을 그런 식으로 이끄는 것이 옳은가? 그런 식으로 사업을 해서 되겠는가? 그런 식으로 일해도 되는가? 자기 자신을 우상처럼 받들면 그의 주변은 필연적으로 상처와 멍투성이가 될 수밖에 없다.

나머지 세 가지 방법도 마찬가지다. 이 네 길 중 어디로 가더라도 삶의 주변이 온통 쑥대밭으로 변한다. 우리의 강압에 시달린 사람들, 우리에게 이용당한 사람들, 우리에게 괴롭힘을 당한 사람들, 우리의 질투심에 시달린 사람들이 주변이 가득해진다. 사방에서 원망과 분노, 좌절, 불평, 불신, 미움, 실망이 날아오는 삶을 상상해 보라. 다시 말해, 이런 길로 가면 남들에게 죄를 짓게 된다.

다른 이들도 우리처럼 그리스도 안에서 구속받은 자들이라는 사실을 망각하는 순간, 오래지 않아 누군가에게 악을 저지르게 되어 있다. 남들의 말을 듣지 않고, 남들을 배려하지 않고, 남들의 일을 열심히 해 주지 않고, 남들을 무가치하게 여기게 된다. 속에 참된 사랑이 없으면 그것이 온갖 추악한 모습으로 표출된다. 다른 이들의 좋은 면을 보지 않는다. 그들에게 호의를 베풀지 않는다. 어떻게든 남들을 잡아먹으려고만 한다. 조금만 손해를 봐도 길길이 날뛰며 반격을 가한다. 다른 이들에게 등을 돌린다. 남들이야 죽든 말든 자기 잇속만 챙긴다.

이렇게 우리가 하나님의 은혜를 세상에 보여 주기는커녕 오히려 세상 사람들보다 더 못되게 굴 때마다 하나님은 상처받은 친구나 사탕을 훔친 가게의 주인에게 어서 사과하고 오라며 자식의 작은 등을 떠미는 아버지처럼 우리 마음을 무겁게 만드신다.

우리 아버지는 그런 분이시다. 우리와의 화목을 추구하신 하나님은 우리도 다른 사람들에게 똑같이 다가가기를 원하신다.

하나님은 우리도 화목을 추구하기를 바라신다.

하나님의 복음을 제대로 이해하고 나면 사람들을 대하는 모습이 전과 달라질 수밖에 없다. 예전의 우리는 남들의 죄는 잘도 찾아내면서 내 죄는 무시했던 사람들이다. 예전의 우리는 어떻게든 자신의 죄는 축소하면서 유리한 고지를 점하려고 애썼던 사람들이다. 하지만 이제 우리는 자신의 죄를 심각하게 받아들인다. 이제 우리는 자기 체면을 지키려고 애쓰기보다는 삶을 통해 하나님의 성품을 드러내기 위해 애를 쓴다.

이제 우리는 하나님의 뜻에 따라 사람들을 대한다.

이것을 '권위'의 측면에서 생각해 보자. "왜 차를 멈추라고 하는 거요? 어서 당신 차로 돌아가 앉으시오. 질문은 내가 할 테니." 신호 위반 딱지를 떼려는 경찰관에게 이렇게 말할 사람은 아무노 없다. "이 회사를 어떻게 운영할지 말해 줄 테니 잘 들어 보시오. 몇 시에 출근해서 몇 시에 퇴근하고 얼마를 받고 일할지는 내가 결정하겠소. 내가 시키는 대로 하지 않으면 가만히 있지 않겠소." 사장에게 이렇게 말할 직원은 아무도 없다. 세상은 이런 식으로 돌아가지 않는다. 갈등 상황에서는 '권위를 가진' 사람이 주도를 하고 권위 '아래에' 있는 사람은 따라간다.

크리스천이 다른 사람들과 갈등을 빚을 때마다 권위는 우리가 아닌 하나님께 있다. 하나님이 그분의 나라를 위해 어떻게 해야 할지를 결정하고 통제하신다. 그런데 하나님은 우리가 상처를 입힌 사람들과 화해하기를 원하신다. 따라서 끝까지 누가 옳은지 따지는 것보다 하나님의 뜻에 따라 화목을 추구하는 것이 더 중요하다. 다시 말하지만 하나님은 무조건 화목을 추구하라고 말씀하신다. 아울러, '그분의' 방식대로 화목을 추구해야 한다.

로마서 12장 18절은 이렇게 말한다. "할 수 있거든 너희로서는 모든 사람과 더불어 화목하라."

갈등 상황에서 복음과 하나님의 뜻을 고려하지 않으면 언제나 돈이 우선이 될 수밖에 없다. 인정 같은 건 없이 무조건 원칙이 우선일 수밖에 없다. 우리 자신의 뜻이 우선일 수밖에 없다. 수단 방법에 상관없이 이기는 것이 우선일 수밖에 없다. 조작을 해서라도 우리가 옳다는 것을 증명해 보이는 것이 우선일 수밖에 없다. 하지만 복음이 개입되면 "육신을 따라"(고후 5:16) 사람들을 대하지 않도록 "그리스도의 사랑이 우리를 강권"(14절)하신다.

우리를 향한 하나님의 희생적인 긍휼을 통해 사람들과의 관계를 보게 된다.

"육신을 따라" 보면 가장 중요한 것은 상대방을 쓰러뜨리고 이익을 챙기는 것이다. 하지만 복음을 통해서 보면 "육신"은 전혀 중요하지 않다. 남들을 죽여서라도 이익을 얻으려는 것은 '우리 자신'의 심술궂고도 이기적인 육신의 마음이다. 하지만 이제부터는 이것을 명심해야 한다. "모든 것이 하나님께로서 났으며 그가 그리스도로 말미암아 우리를 자기와 화목하게 하시고 또 우리에게 화목하게 하는 직분을 주셨으니"(18절).

이제 우리는 예전과 완전히 다른 것을 추구한다.

이로 인해 우리의 사과법도 예전과 완전히 달라져야 한다.

시력을 교정하라

인지 치료에서는 '스키마'(schema)란 개념을 사용한다. 이것은 세상을 보는 렌즈를 말한다. 두 손을 눈앞에 대고 손가락들을 서로 끼어 골키퍼의 마스크나 벌집 모양으로 만들어 세상을 보라. 이와 마찬가지로 우리는 자신만의 시각, 기억, 해석이라는 도식을 통해 삶을 바라본다. 우리는 받아들이고 싶은 것을 받아들이고 받아들이기 싫은 것은 걸러낸다. 자신만의 격자를 통해 세상을 본다.

그래서 두 사람 이상이 똑같은 사건을 봐도 나중에 각자 그 사건을 기억해서 일기를 쓰면 내용이 달라진다. 똑같은 하루를 보내고도 인생 최고의 날이라고 말하는 사람이 있는가 하면 인생 최악의 날이라고 말하는 사람도 있다.

같은 범죄 현장. 서로 다른 보고서.

인간관계에서 상처나 갈등이 생겼을 때 어느 한쪽에만 전적으로 책임이 있는 경우는 거의 없다. 50 대 50은 아니더라도 60 대 40이나 75 대 25와 같은 식으로 책임이 나뉜다. 남편과 아버지, 목사와 상담자로서 수만 가지 갈등 상황을 경험해 본 바로 한쪽에 백 퍼센트 책임이 있는 경우는 거의 보지 못했다. 물론 아동 학대나 근친상간, 강간 같은 극단적인 경우는 예외가 될 수도 있다.

물론 어느 한 쪽의 책임이 훨씬 작을 수는 있다. 한쪽이 최대한 참다가 결국 싸움이 벌어진 경우도 있다. 하지만 분명 그 사람도 '뭔가'를 했다. 쌀쌀맞은 태도와 같은 사소한 행동이라도 분명 서로의 관계에 악영향을 미친다. 내 죄의 20퍼센트가 상대방의 80퍼센트에 비해 작을지 몰라도 엄연히 죄는 죄다.

그리고 죄는 우리의 마음을 왜곡시킨다(렘 17:9 참조).

'그 녀석이 그러지만 않았다면 내가 이렇게까지 하지는 않았을 텐데.' 죄로 물든 사람들은 성경의 모든 명령에 '누군가가 내게 해를 끼치지만 않는다면'이란 단서를 달아서 해석한다. 그들은 남이 먼저 싸움을 걸었으니 이번만큼은 예외적인 경우라며 자신의 행동을 정당화한다. '하나님, 계속해서 저를 괴롭히는 자를 그냥 놔두란 말입니까? 도대체 저더러 어떻게 하라는 말씀입니까?'

하나님은 우리가 어떻게 해야 할지 이미 본보기로 보여 주셨다. 하나님이 우리에게 어떻게 해 주셨는가? 그분은 우리에게 먼저 다가와 용서를 베풀고 모든 희생을 감수하면서까지 화해와 화목을 추구하셨다. 그러니 우리도 당연히 그와 같이 해야 한다.

마태복음 7장은 말 그대로 갈등 해결에 관한 정석이다. 티끌과 들보의 비유를 담은 3-5절에서 예수님은 상대방의 미미한 잘못("형제의 눈 속에 있는 티")에 집착하는 우리의 태도를 꼬집으면서 우리 눈 속에야말로 거목이 들어 있다고 말씀하신다.

혹시 이 구절을 너무 많이 읽어서 충격이 덜하다면 덜 익숙한 에스겔 14장을 읽어 보라. 하나님은 선지자 에스겔에게 이스라엘 백성들이 "자기 우상을 마음에 들이며 죄악의 걸림돌을 자기 앞에 두었으니"(3절)라고 말씀하셨다. 그들이 그렇게 죄를 품은 채로 하나님이나 그분의 선지자 앞에 나와 인생의 방향을 물어봤자 답을 얻을 수 없었다.

하나님 앞에 우상과 회개하지 않은 죄의 "걸림돌"을 두고 살면 하나님의 얼굴, 그분 말씀의 빛을 제대로 볼 수 없다. 그렇게 하나님의 음성이 오는 방향을 보지 못하면 절대 그분의 뜻을 알고 그 뜻대로 살 수 없다.

이 죄의 걸림돌(우리가 하나님보다 더 소중하게 여기고 사랑하며 심지어 우상화하는 것들)은 우리의 시각을 왜곡시켜 어리석은 결정을 내리게 만든다. 죄의 색안경을 끼고 보면 하나님의 뜻을 제대로 볼 수 없다. 갈등 상황에서 어떻게 처신하는 게 하나님의 뜻인지를 알 수 없다.

그래서 하나님은 먼저 그분에게서 떠나간 마음이 되돌아와야 이끌어 주시겠다고 말씀하신다(5절 참조). 이스라엘 백성들은 앞마당에 죄가 걷잡을 수 없이 쌓이도록 방치해 두었다. 그렇게 쌓인 걸림돌을 하나님이 치워 길을 뚫어 주시려 해도 그들이 그것을 거부하는 한 하나님의 뜻을 알거나 따를 수 없었다.[2]

여기에 매우 중요한 교훈이 있다. 이 걸림돌(혹은 우리의 들보)이 쌓이도록 놔두는 것은 결국 하나님께 죄를 짓는 것이다. 그리고 이 걸림돌은 우리를 교만과 이기주의로 몰아가 다른 이들을 학대하거나 이용하거나 오해하게 만든다. 그렇게 형제자매, 아내와 남편, 부모와 자식 사이가 멀어진다.

민수기의 다음 구절도 같은 선상에서 볼 수 있다. "남자나 여자나 사람들이 범하는 죄를 범하여 여호와께 거역함으로 죄를 지으면 그 지은 죄를 자복하고 그 죄 값을 온전히 갚되 오분의 일을 더하여 그가 죄를 지었던 그 사람에게 돌려 줄 것이요"(민 5:6-7).

흥미롭지 않은가. 이 구절은 사람의 죄를 "여호와께 거역"한 것으로 정의한다. 그렇다. 죄는 일단 하나님에 대한 불순종이다. 하지만 죄는 거기서 머물지 않고 원심력을 통해 사방으로 퍼져 나가 우리의 관계를 망쳐놓는다. 따라서 하나님을 경시하면 다른 이들과의 화목과 연합이 흔들릴 수밖에 없다. 죄의 결과는 언제나 우리 마음 안에만 머물지 않고 사방으로 퍼져 나간다. 그래서 하나님은 죄를 깨닫거든 사적으로 그분께만 고백하지 말고 상처 입은 사람에게 찾아가 아무런 변명도 하지 말고 무조건 사과하라고 말씀하신다. 관계 회복의 강한 의지를 분명히 보여 주어야 한다.

　오직 하나님의 능력으로 변화받은 사람만이 그렇게 할 수 있다. 하나님이 우리를 위해 이루신 화해를 깊이 생각하면 우리 마음에 새로운 리듬이 흐르기 시작한다. 그분의 조건 없는 은혜와 긍휼에 감사하는 찬양이 우리 마음에 울려 퍼지기 시작한다. 그리고 이 리듬은 우리가 상처를 입힌 사람들과의 춤으로 발전한다. 그래서 참된 크리스천의 삶에서는 수직적 예배와 수평적 연합이 동시에 나타난다. 또 우리도 모르는 사이에 이 복음의 음악은 모든 것을 변화시킨다.

상대가 마음을 풀지 않을 때

　하지만 아무것도 변하지 않는 것처럼 보일 때는 어떻게 해야 하는가? 상대방이 용서하지 않으면 어찌해야 할까?

　안타깝지만 이것이 현실이다. 죄의 대가는 언제나 우리가 생각하는 것보다 훨씬 더 크다. 죄로 인한 상처는 생각보다 훨씬 더 깊고 치명적이다. 우리는 우리의 죄로 상대방이 얼마나 깊은 상처를 입었는지 제대로 모를 때가 많다. 그래서 우리가 아무리 고개를 숙여 진심으로 사과를 해도 거절을 당하고 오히려 격한 반응을 만날 수도 있다. 지난 장의 표현을 빌자면, 사과는 은 탄환이 아니다. 아무리 진심으로 용서를 빌어도 상대방의 마음이 풀리지 않을 수 있다.

이런 상황이 발생하더라도 우리는 결과를 겸허히 받아들여야 한다. 상대방의 반응을 우리가 통제할 수는 없다. 때로 화해를 위해 최선을 다한 것만으로 만족해야 할 때도 있다. 상대방이 포옹이나 악수로 반응할지는 누구도 장담할 수 없다.

하지만 그 어떤 경우에도 하나님 앞에서 진정으로 회개하고 상대방의 마음을 풀어 달라고 기도하면서 다음과 같이 해야 한다.

전적으로 책임을 지라. 자신이 저지른 죄에 대해 백 퍼센트 이상으로 책임을 지라. 자신이 어떤 못된 생각이나 동기로 상대방에게 못되게 굴었는지 돌아보라. 기껏해야 살짝 짜증을 내거나 충분한 관심이나 사랑을 쏟아 주지 못한 죄밖에 없는가? 그렇다 해도 우리 뒤에는 든든한 복음이 버티고 있으니 우리는 얼마든지 전적인 책임을 질 수 있다.

잘못을 따지지 마라. 소송을 할 때는 상대방에게 최대한 죄를 뒤집어씌워야 한다. 그런데 그렇게 서로 손가락질을 하는 사람들을 보면 어떤 생각이 들던가? 마치 초등학생들을 보는 것 같지 않던가? "네가 먼저 그랬잖아!" "아니야. 네가 먼저 그랬어!" "아니야. 네 잘못이야!" "아니야!" 우리 크리스천들만큼은 이런 유치한 실랑이를 멈추고 이렇게 말해야 한다. "당신에겐 아무런 잘못도 없소. 다 내 잘못이오. 그저 용서만 해 주시오."

변명을 하지 마라. "하지만…"과 같은 식으로 토를 달지 마라. 상대방의 말이나 행동을 근거로 자신의 죄를 축소하지 마라. 우리는 오직 변함없이 거룩한 하나님의 기준에 따라 자신의 행동

을 평가해야 한다. 변명하지 말고 자신의 죄를 정확히 고백하고 상대방의 고통과 상처를 인정하고 모든 것을 상대의 처분에 맡겨야 한다. 상처 입은 사람이 당장 사과를 받아들이지 않는다 해도 참고 기다릴 줄 알아야 한다.

우리가 아무리 진심으로 사과해도 상대방이 우리와 화해하기를 끝까지 거부할 수도 있다. 그럴 경우 성경은 우리에게 거룩하고도 지혜로운 한 가지 대안을 제시한다. 상대방을 축복하고 우리의 갈 길로 가라는 것이다. 아울러, 기도하면서 계속해서 그에게 진심을 다해야 한다. 이 갈등 속에서 배워야 할 점은 배우고, 그가 언젠가는 원망의 고통에서 해방되기를 바라야 한다. 그리고 마침내 그날이 오면 마치 처음 사과하자마자 용서를 받은 것처럼 진심으로 감사를 표시해야 한다.

물론 모든 관계가 이생에서 온전히 회복될 수는 없다. 하지만 이 점을 인정한다고 해서 복음을 무시하는 게 아니다. 그리스도 안에서는 회복되지 못할 관계가 없다. 관계가 회복되지 않는 것은 어디까지나 둘 중 한쪽이 하나님의 약속을 믿지 않는 탓이다. 그가 앙금을 털고 구속의 노래를 부르기를 한사코 거부하기 때문이다.

따라서 "할 수 있거든(할 수 없을 때도 있다) 너희로서는(상대방이 사과를 받아 주지 않을 수도 있다) 모든 사람과 더불어 화목하라(이제 말로만 외치던 화해를 실천해야 할 때라는 뜻이다)"(롬 12:18).

02
··

당장은 속상해도
책망하라

우리를 하나로 연결해 주는 복음은
서로 간의 안전한 거리를 허용하지 않는다.
복음은 우리를 하나님께로 부를 뿐 아니라
서로에게로 부른다.

품속에 숨겨 가져온 술병에서 풍기는 냄새였을까? 아니면 점심에 반주로 마신 술 냄새였을까? 어느 날 오후 교회에서 브렌다는 친구 크리스틴에게 술 좀 그만 마시라고 따끔하게 일침을 놓았다. 그 즉시 크리스틴은 "너는 내가 얼마나 힘든 세월을 살아왔는지 몰라"라며 격한 반응을 보였다.

사실, 크리스틴은 열두 살 때부터 술을 마시기 시작해서 대학 때까지 줄곧 술로 성폭력과 수치, 학대의 고통을 달래 왔다. 하지만 호놀룰루에서의 그 추운 날 이후로 그녀는 브렌다와 브렌다의 남편 톰을 아는 체도 하지 않았다.

크리스틴은 도시의 다리 밑에서 사는 주정뱅이들과 달랐다. 그녀는 회계사 사무실에 다니는 커리어우먼이었다. 집과 새 차도 있고 은행에 돈도 충분했다. 주변에 친구도 많았다. 물론 술을 좀 마시는 건 사실이었다. 하지만 그것이 무슨 큰 문제인가? 마음이 힘들 때는 한 잔 걸칠 수도 있는 것 아닌가?

몇 달 뒤의 어느 평범한 날 아침 7시, 정신없이 출근 준비를 하는데 머릿속이 복잡했다. 그동안 브렌다의 따끔한 질책을 머릿속에서 떨쳐내려고 애썼지만 여전히 속이 부글부글 끓었다. 가감 없는 쓴소리를 들었을 당시의 분노가 여전히 끓고 있었다. 아니, 단지 방금 전에 먹은 술로 인해 속이 타오르는 것인가? 아침마다 술을 마신지 너무 오래되어 이젠 그것이 비정상이라는 사실조차 잊어버렸다.

그런데 문득 정신이 들었다.

'아침 7시부터 취해 있다면 주정뱅이가 아니고 뭔가?'

그날 크리스틴은 브렌다에게 전화를 걸어 그녀의 말이 옳다고 말했다. 브렌다의 말은 옳았다. 그리고 톰이 입원 수속을 미리 밟아놓은 것도 역시 옳은 행동이었다. 하지만 막상 병원에서 앰뷸런스가 오자 그녀는 욕을 하고 소리를 지르고 주먹으로 치고 울며불며 난리를 쳤다. 결국 의사가 그녀를 억지로 데려가 피 검사를 한 뒤 간염 때문에 술을 끊지 않으면 5년을 넘기지 못할 거라고 엄포를 놓았다. 그제야 그녀는 믿음의 친구들이 자신을 공격한 것이 아니라 사랑으로 대한 것임을 깨달았다.

친구들이 그녀의 마음을 상하게 했을까? 물론이다. 그것도 아주 심하게. 친구들의 가감 없는 질책은 그녀의 마음을 갈가리 찢어 놓았다. 하지만 지금 크리스틴이 그리스도 안에서 살아 있는 것은 당장 미움을 받더라도 문제점을 솔직히 지적해 줄 만큼 그녀를 사랑한 믿음의 친구들이 있었기 때문이다.

복음은 생각보다 훨씬 더 엄하다.

싸울 것인가 도망갈 것인가

우리 대부분은 갈등을 피하는 데 선수다.[3] 인생을 살다 보면 괜히 솔직히 말했다가 곤란을 자초할 필요가 없다는 사실을 터득한다. 괜히 나서면 스트레스와 불편, 긴장, 어색한 침묵만 발생할 뿐이다. 결국 상대방에게 적으로 낙인만 찍히고 만다.

갈등을 피해야 하는 것은 어느 정도 맞는 말이다. 상대방이 우리에게 죄를 지은 경우는 특히 그렇다. 성경은 "허물을 용서하는 것이 자기의 영광이니라"(잠 19:11)라고 말한다. 신앙 성숙의 증거 중 하나는 남에게 상처를 입어도 복수심을 버리고 용서해 주는 것이다. "유순한 대답"(잠 15:1)은 분노의 불을 끄고 서로의 에너지를 더 생산적인 일에 쏟게 만든다.

하지만 하나님을 신뢰하고 남들과의 화목을 추구해서 갈등을 피하는 것이 아니라 단순히 두려움이나 교만, 분노, 이기주의, 무관심으로 인해 갈등을 피하는 경우도 있다.

첫째, 마음속에 성경이 말하는 "쓴 뿌리"(히 12:15)를 품고서 상대방을 외면하는 사람들이 있다. 누군가에게 실망하고 짜증이 났을 때, 누군가를 속으로 미워하거나 최소한 달갑지 않게 여길 때, 그럴 때 우리는 그 사람을 외면한다.

미움은 크리스천에게 어울리는 감정이 아니다. 어찌 보면, 잘못을 저지른 사람보다 그를 미워하는 사람이 더 잘못이다. 미움은 자신이 져야 할 책임을 남에게 돌리는 것이다. 미움은 회개하지 않는 것이다. 하지만 마음속에 미움이 없는 척하는 것은 답이 아니다. 크리스천이라면 절대 미움을 품지 말아야 하는 것도 아니다. 인간인 이상 미움을 품을 수는 있다. 단지 그 미움을 계속해서 키워 가는 것이 문제다. 그렇게 되면 많은 문제가 나타나고 "많은 사람이 이로 말미암아 더럽게"(히 12:15) 된다.

미움은 언제 터질지 모르는 시한폭탄과 같으니 조심해야 한다. 또한 미움으로 인한 외면은 스스로 죄를 짓는 것일 뿐 아니라 상대방의 죄도 방치하는 것이다.

둘째, 갈등이 발생하면 무조건 도망치는 사람들이 있다. 도망자들의 처신법은 단순히 불편한 상황이나 화나는 상황에서 몸을 빼는 것이다. 예를 들어, 교회나 직장을 옮기고 심지어 배우자까지 갈아치운다. 하지만 이런 방식의 문제점은 도피가 버릇이 되어 버린다는 것이다. 갈등만 생기만 무조건 적을 옮긴다. 도망자들은 오래지 않아 이 교회 저 교회를 떠돈다. 수시로 친구들을 갈아치운다. 조금만 문제가 생기면 또 다른 곳으로 옮겨 간다. 그렇지만 어딜 가도 마음에 들지 않는 사람이 꼭 한 명쯤은 있다. 그러다 결국 주변의 사람이 아무도 없어진다.

그것은 어딜 가나 죄가 존재하기 때문이다. 당신이 새로운 곳에 발을 내딛는 순간, 죄인 천지인 그곳에 죄인 한 명이 더 늘어난다. 갈등이 전혀 없는 완벽한 곳을 찾아 계속해서 옮기는 것은 신화를 좇는 것이다. 전 세계를 다 뒤져도 그런 곳은 발견할 수 없다. 해 아래 그런 곳은 존재하지 않는다.

완벽한 곳은 오직 도망자의 마음속에만 존재한다.

'회피'의 반대편 극단에는 '공격'이 있다. 싸울 구실만 찾는 사람들, 남들의 행동에 과민한 사람들, 다른 사람들이 조금만 눈에 거슬리게 행동해도 자신을 공격한다고 속단하는 사람들, 폭언과 험담을 서슴지 않는 사람들, 다른 이들을 공격하고 쓰러뜨리는 사람들. 갈등 '회피'의 가장 극단적인 형태가 다른 이들이 자신을 절대 해치지 못하도록 스스로를 죽이는 자살이라면 '공격'의 가장 극단적인 형태는 폭력과 학대다. 자신에게 잘못한 사람들을 무자비한 형벌로 다스리는 것이다. '감히 나를 건드렸겠다. 어디 한번 똑같이 당해 봐라.'

회피 또는 공격. 혹시 지금 당신도 이 두 가지 방법 중 하나를 사용하고 있지는 않은가?

그러나 성경적인 아름다운 틈새가 존재한다. 갈등을 회피하지 않아도 된다. 복수심을 품고 공격하지 않아도 된다.

에베소서 4장 15절은 "사랑 안에서 참된 것을" 말하라고 명령한다. 교회에 꽤 다녀 본 사람이라면 전에도 이 구절을 들은 적이 있을 것이다. 이 짧은 구절은 사랑과 진실의 적절한 균형을 이야기하고 있다. 하지만 진실을 말하는 것만이 아니라 그 목적도 마찬가지로 중요하다. 이 구절의 뒷부분을 보면 "참된 것"을 말하는 목적은 상대방이 "범사에 그(그리스도)에게까지 자랄" 수 있게 하기 위함이어야 한다.

믿음의 형제자매끼리 죄를 지적하는 것은 흠을 찾아서 공격하기 위함이 아니라 서로가 신앙적으로 더 성숙하도록 돕기 위함이어야 한다.

지난 장에서 말했듯이 누군가에게 용서를 구하러 갈 때 믿는 사람은 변명을 하지 말고 오직 화해하는 일에만 온 신경을 집중해야 한다. 성부 하나님이 예수 그리스도의 피를 통해 우리와 화해해 주신 것처럼 말이다.

다른 사람의 죄를 지적할 때도 똑같은 원칙이 적용된다. 상대방을 깔아뭉개거나 자신의 영적 우위를 내세우려고 해서는 안 된다. 잘못을 지적하는 목적은 언제나 상대방을 더 큰 믿음과 기쁨, 조화로 인도하기 위함이어야 한다. 범죄 현장을 잡아 수갑을 채우는 것이 목적이 되어서는 안 된다. 우리가 믿음의 형제자매를 지적하는 것은 그들이 파괴적인 악에 끌려다니는 것을 더는 볼 수 없어서다. 잠시 뒤에서 마태복음 18장을 살피면서 다시 말하겠지만 형제나 자매를 다시 얻는 것보다 더 큰 유익은 없다(15절 참조). 그것이야말로 진정한 승리다.

성경적이고 복음 중심적인 사람은 결코 '공격' 자세를 취하지 않는다. 하나님도 언제나 연민의 마음으로 우리의 죄를 다루신다. 그분이 우리의 죄를 다루시는 것은 사랑하는 우리가 죄의 구렁텅이에서 뒹구는 꼴을 계속해서 보실 수 없기 때문이다. 우리에게 창피를 주거나 우리를 위협하기 위함이 아니다.

이처럼 우리는 공격성을 내려놓을 뿐 아니라 '회피' 본능도 떨쳐내야 한다. 물론 남들에게 싫은 소리를 하는 것을 즐길 사람은 아무도 없다. 하지만 죄는 죄를 낳기 때문에 죄를 보고도 모른

체하는 것은 아니 될 말이다. 죄는 가만히 놔둬도 스스로 자라난
다. 사랑하는 사람들의 죄를 지적하지 않고 그냥 두는 것은 그들
을 영원한 파멸로 이끄는 것이나 다름없다.

깔아뭉개는 것만큼이나 모른 체하는 것도 싸구려 사랑이다.
'진짜' 사랑은 속이 쓰려도, 죽기보다 하기 싫어도, 해야 할 말을
하는 것이다.

진짜 사랑은 마음을 굳게 먹고 진실을 말한다.

그리고 물론 사랑 안에서 말한다.

사심 없이, 겸손하고, 친절하게

이것은 현대인들이 썩 좋아하지 않는 주제다. 우리 대부분은
개인의 자유를 중요한 가치 중 하나로 삼고 있다. 우리는 다른 사
람들이 우리의 일에 왈가왈부하는 것을 지독히 싫어한다. "내 일
에는 신경 끄고 네 일이나 잘해!"

하지만 하나님 나라는 개인주의를 통해 이루어지지 않는다.
하나님 나라의 백성들은 각자 따로 노는 사람들이 아니다. 교회는
모두가 하나로 연합하여 협력하는 유기체다. 한 가족이다. 구속적
인 관계들의 집합이다. 우리를 하나로 연결해 주는 복음은 서로
간의 안전한 거리를 허용하지 않는다. 복음은 우리를 하나님께로
부를 뿐 아니라 서로에게로 부른다.

블로그에 올린 사진이나 주일날 교회에서 보이는 모습이 아

무리 좋아 보여도 신앙생활에서 백 점을 받을 사람은 아무도 없다. 따라서 우리 각자에게서 잘못된 모습이 언제라도 밖으로 드러날 수 있고, 그럴 때 우리는 서로의 유익과 그리스도의 영광을 위해 그 잘못을 함께 다루어야 한다.

다른 사람의 일에 관여한다는 것이 아직도 주제 넘는 짓이라고 생각하는가? 괜한 분란을 일으키고 싶지 않은가? 남이야 어찌돼든 나만 잘 지내면 그만인가? 너무 가까워지면 서로의 마음이 다칠 수 있으니 진정한 관계보다 형식적인 예의와 가벼운 대화만을 원하는가? 그것은 다 이기적인 생각에서 나온 것이다. 마태복음 7장에서 우리 눈에서 들보를 빼라고 명령하는 데는 한 가지 이유만 있는 게 아니다. 이는 우리의 죄를 명확히 보는 데 도움이 되기 때문만이 아니라 그렇게 할 때 "밝히 보고 형제의 눈 속에서 티를"(5절) 빼 줄 수 있어서다.

복음의 연합에는 복음의 책임이 따른다.

그 책임 중 하나가 마태복음 18장에 기록되어 있다.

네 형제가 죄를 범하거든 가서 너와 그 사람과만 상대하여 권고하라 만일 들으면 네가 네 형제를 얻은 것이요 만일 듣지 않거든 한두 사람을 데리고 가서 두세 증인의 입으로 말마다 확증하게 하라 만일 그들의 말도 듣지 않거든 교회에 말하고 교회의 말도 듣지 않거든 이방인과 세리와 같이 여기라(15-17절).

갈등 해결을 위한 이 구절을 단계별로 분석한 책과 설교 시리즈가 시중에 많이 나와 있다. 이 구절에서 예수님은 교회 안에서 죄와 갈등을 어떻게 다뤄야 하는지를 가르쳐 주신다. 켄 산데가 쓴 《화평하게 하는 자》(The Peacemaker, 피스메이커 역간) 같은 책에서 이 가르침을 깊이 파헤쳤기 때문에 여기서는 우리(매트와 마이클)가 섬기는 교회에서 관찰하고 경험한 바를 간단히 말하고 넘어가고자 한다.

과장이라고 말할지도 모르겠지만 우리 교회에서는 서로의 잘못을 지적하는 대화가 족히 수만 번은 이루어졌다. 그리고 이런 대화의 90퍼센트 이상이 차 한 잔 마시는 시간을 넘지 않았다. 우리의 경험으로 볼 때 사심 없이 겸손하고도 친절하게 잘못을 지적하면 대부분의 사람들이 듣고 죄를 고백하고 회개하고 회복을 추구한다.

진심으로 말하면 대부분이 진심을 알아 준다.

그리고 대부분이 변화되기를 원한다.

물론 당장은 기분이 상할 수도 있다. 마음이 가라앉으려면 약간의 시간이 필요할 수 있다. 하지만 대체로 서로 얼굴을 더 붉힐 필요 없이 그 자리에서 치유를 향한 여행이 시작된다. 당장은 마음이 아파도 결국 더 좋은 관계로 발전한다.

이처럼 분명 치유가 가능한데도 상대방의 삶 속으로 깊이 들어가지 않으려는 사람들이 너무도 많아 안타깝다. 우리가 성경의 명령에 순종하여 찾아가서 눈 딱 감고 한마디만 하면 죄에서 돌아설 사람이 정말 많건만 우리는 그 작은 순종 하나도 제대로 실천하지 못하고 있다.

물론 매번 좋은 결과가 나타나지는 않지만, "네가 뭔데 이래라 저래라 하는 거야?"라며 소리를 지를 사람보다 우리의 관심과 사랑의 질책에 감사할 사람이 훨씬 더 많다. 상대방이 어떻게 나올지 몰라 쉽게 발걸음이 떨어지지 않겠지만 용기를 내서 다녀오면 그날 밤은 발을 쭉 뻗고 잘 수 있다. '다녀오길 잘했어. 옳은 일을 한 거야.'

힘들지만 그만한 보람이 있다.

물론 이렇게 좋은 결과가 나오지 않을 때도 있다. 오히려 전날 밤보다 더 마음이 상한 채로 잠자리에 들 수도 있다. 문제가 계속해서 해결되지 않는가? 그래도 상대방의 회복을 위해 끝까지 애를 쓰는 것이 중요하다. 한두 번 노력해서 안 된다고 포기해서는 곤란하다.

우리 교회는 이 책임을 매우 진지하게 받아들인다. 교회는 언약의 공동체다. 그래서 우리 교인들은 성경의 가르침과 교회의 지도자들에게 순종하기로 하나님과 온 교인 앞에게 글로 서약한다. 물론 실행할 때는 불완전한 구석이 많다. 그래서 늘 서로를 격려하고, 필요할 때는 질책도 한다.

다른 지체의 훈계를 들었을 때 지혜로운 사람은 당장 수긍할 수 없다 하더라도 상대방의 말에 일리가 있을 수 있다는 점을 생각한다. 그리고 하나님 앞에 무릎을 꿇고 자신의 죄를 깨우쳐 달라고 기도한다. 상대방의 말이 전적으로 옳지 않다 하더라도 무조건 무시하기보다는 일단 자신을 돌아보는 계기로 삼는 것이 현명하다.

상대방이 우리의 잘못을 지적하거나 더욱 분발하도록 박차를 가하거나 우리에게 받은 상처를 털어놓을 때는 그것이 우리에게 유익이라는 점을 생각해야 한다. 따라서 언제나 진심 어린 사과나 감사로 반응해야 한다. 그리고 거기서 그치지 말고 회개로까지 나아가야 한다.

그러나 사랑하는 마음으로 쓴소리를 했을 때 끝까지 "네가 뭔데 나를 가르치려고 들어? 당장 꺼져!"라는 반응만 돌아온다면 성경의 가르침에 따라 관계를 끊어야 한다.

분명히 말하건대 그들은 크리스천이 아니다. 그들의 행실은 전혀 신자의 행실이 아니다. 우리는 구주가 아닌 죄를 선택하는 자들을 구원받지 못한 자들로 대하는 것이 예수님의 뜻이라고 믿는다.

안타깝지만 성경적으로 보면 이런 결론을 내릴 수밖에 없다. 어릴 적에 세례만 받았을 뿐 삶이 조금도 변하지 않고 성경의 가르침에 전혀 순종하지 않으며 그 어떤 권위도 인정하지 않고 매사에 제멋대로 살면서 크리스천 대접은 받기를 원하는 사람들. 비단 신앙생활에서만이 아니라 삶의 모든 영역에서 이런 태도는 비정상적이다.

"커피 애호가이긴 하지만 커피의 맛과 향은 정말 싫어요."

"가족을 정말 사랑하긴 하지만 친구들과 어울리는 게 훨씬 좋아요."

"평생 LA 다저스 팬이었어요. 다저스가 농구 팀 맞죠?"

얼토당토않은 말이다.

물론 우리는 최소한 1년 이상 "교회의 말도 듣지" 않는 사람이 아니면 함부로 "이방인과 세리"로 취급하지 않는다. 하지만 계속해서 아무런 회개의 조짐이 보이지 않을 때는 어쩔 수 없이 교인 명단에서 공식적으로 제외시킬 수밖에 없다. 물론 이 과정에서 이 사람들을 위해 슬퍼하고 기도한다. 그리고 하나님이 그들의 삶속에서 계속해서 역사하실 줄로 믿는다. 하지만 그들을 위해서나 교회를 위해서나 그들을 불신자로 여기는 것이 옳다.

물론 서로에게 큰 상처가 된다.

그러나 양떼는 늑대들과 함께 어울릴 수 없다.

그래서 눈물을 머금고 헤어질 수밖에 없다.

'그런 식으로 해서는 교회가 성장할 수 없지 않은가?'

그래도 어쩔 수 없다. 그것은 무엇보다도 우리의 목적이 교회 규모를 키우는 것이 아니기 때문이다. 둘째, 예수 그리스도를 삶의 주인으로 모시지 않으면서 크리스천 행세를 하는 사람들을 그냥 보고만 있는 것이 그 사람들에게 진정으로 몹쓸 짓이요 교회에도 지독히 해로워서다.

미룰수록 행동하기 어렵다

마음속에 미움과 분노를 품고 있는가?

사람들을 피하고 있는가? 그 사람들이 없는 곳을 찾는가? 그 사람들에게 다가가라는 성령의 촉구하심을 외면하고 있는가?

친구나 가족이 악한 삶으로 점점 더 깊이 빠져들고 있는데도 그저 보고만 있는가?

미룰수록 행동하기가 더 어려워진다. 그리고 어려워질수록 끝내 행동하지 않을 가능성이 높아진다. 괜히 잘못을 지적했다가 싫은 소리를 듣고 기분만 상할까 봐 죄를 방치하는 건 구속의 흐름을 거스르는 것이다. 자기 자신과 상대방의 자유를 방해하는 행동이다. 혼자서만 복음의 복을 누리고 남들에게는 그 유익을 전해 주지 않는 건 옳지 않다.

형제를 얻을 수만 있다면 잠시 속이 상하는 게 뭐 그리 대수인가!

PART 5

승전가를 부르라,
복음이 바꾼다!

전부를 팔아
복음을 사라

한 번 그 기쁨을
맛보고 나면
영원히 맛보고 싶어진다.

요즘 토양 보존, 삼림 개발, 깨끗한 식수와 관련해서 지속가 능성이라는 말이 자주 들린다. 지속가능성, 좋은 말이다. 석유가 바닥나지 않는 것은 모두에게 좋은 일이다.

하지만 끈기 없기로 유명한 우리 인간들이 어떻게 신앙생활을 지속할 수 있을까? 어떻게 해야 작심삼일로 그치지 않고 장기적으로 실질적인 변화를 이루어 낼 수 있을까? 어떻게 해야 꾸준히 신앙생활을 할 수 있을까?

우리 대부분은 단거리 주자처럼 전력 질주한다. 공장에서처럼 매일 정해진 할당량을 채우려고 발버둥을 친다. 파김치가 된 몸으로 잠자리에서 성경 대여섯 장을 읽으려고 애를 쓴다. 하지만 그것이 어디 쉬운 일인가? 1년 성경 일독의 성공은 점점 더 멀어져만 간다.

따라서 지속가능성은 속도의 문제가 아니다. 못하는 날도 있지만 잘하는 날도 있다. 우리가 지속시켜야 할 것은 바로 그런 작은 믿음의 순간들이다. 그 순간들이 쌓이고 쌓여 우리를 꾸준히 옳은 방향으로 이끈다. 니체의 표현을 빌자면(무신론자였던 그가 한 말이라는 게 얄궂지만) "한 방향으로의 오랜 순종"이 필요하다.

그렇지만 어떻게 그렇게 할 수 있을까? 무엇이 우리로 하여금 꾸준히 전진하게 만드는가? 칭의와 입양, 성화, 살림, 죽임 같은 영적 명사를 어떻게 꾸준히 동사로 전환할 수 있을까? 어떻게 그것을 하나의 화음, 하나의 노래, 하나의 교향곡으로 꾸준히 발전시킬 수 있을까?

기쁨만 준다면 뭐든 하겠다!

답은 간단하다. 바로, 기쁨이 그 열쇠다.

기쁨의 추구.

좀 어려운가? 어렵게 생각할 필요가 전혀 없다. 우리 모두는 평생 기쁨을 추구해 왔다. 우리의 삶 자체가 기쁨을 좇는 과정이다.

우리가 하는 모든 일이 기쁨, 즐거움, 만족, 안도를 경험하기 위한 욕구에서 비롯한다. 우리 모두는 특정한 행동들이 행복으로 이어진다는 확신으로 살아가고 있다. 이를테면 행복을 얻기 위해 술을 마신다. 행복을 얻기 위해 영화관에 간다. 행복을 얻기 위해 컴퓨터 게임을 한다. 행복을 얻기 위해 결혼을 해서 자식을 낳는다. 행복을 얻기 위해 뼈 빠지게 일한다. 행복을 얻기 위해 헬스클럽에 간다. 행복을 얻기 위해 교회에 나간다. 좀 웃긴 상황이지만, 성가시게 구는 이웃의 꼴을 보기 싫어서 주말에 집안에서 뒹구는 것을 포기하고 교회에 나오는 사람도 있을 수 있다. 그

것은 집안에서 쉬는 것보다 이웃을 보지 않는 것이 '더 큰' 기쁨
이기 때문이다.

기쁨. 우리 모두는 기쁨을 원한다.

세상 모든 사람이 항상 기쁨을 바라고 있다.

목사이자 상담자인 우리(매트와 마이클)는 둘 다 '항상'이나 '모
든' 같은 단어를 함부로 사용하지 않는다. 따라서 우리가 이 단어
를 사용했다는 것은 과장이 아니라 실제로 그렇다는 뜻이다. 다시
말해 보겠다. 우리가 하는 '모든' 일은 기쁨을 추구하는 것이다.
우리가 하는 행동 중에 기쁨을 위해서 하지 않는 행동은 '단 하나
도' 없다.

이 사실을 처음 발견한 사람은 우리가 아니다. 17세기 프랑
스 수학자이자 철학자 블레즈 파스칼이 이미 《팡세》(*Pensées*)란 책
에서 이 현상을 지적했다.

> 모든 사람은 행복을 추구한다. 단 한 명의 예외도 없다.
> 수단은 다 달라도 모두가 이 목적을 추구한다. 전쟁터에
> 나가는 사람이나 전쟁을 피하는 사람이나 시각만 다를
> 뿐 욕구는 같다. 누구도 절대 이 목표에 반하는 길로 가
> 지 않는다. 이것이 모든 사람의 모든 행동의 동기다. 심
> 지어 목매어 죽는 사람의 동기도 이것이다.[4]

그렇다. "심지어 목매어 죽는 사람"도 마찬가지다. 생각할수

록 맞는 말이지 않은가? 우리는 우리가 추구하는 기쁨이나 안도, 도피가 오래가지 않는다는 것(자살한다면 더더욱 오래가지 않는다)을 경험과 관찰을 통해 잘 알면서도 또다시 그것을 찾아 나선다.

'기쁨을 달라.'

'기쁨만 준다면 뭐든 하겠다!'

그렇다면 바로 복음이 그 답이다. 복음이야말로 당신이 내내 찾아 헤매던 것이다. 분명히 말하건대 기쁨이야말로 성경이 궁극적으로 말하는 것이다. 예수 그리스도 안에서 얻는 최고의 기쁨.

그리스도와 함께하는 삶은 그 어떤 것보다도 좋다. 그리스도를 통해 아버지를 알고 그분과 화해할 때 비로소 가장 오래가는 기쁨, 가장 큰 기쁨, 그 어디서도 찾을 수 없는 지고한 기쁨을 찾을 수 있다.

예를 원하는가? 성경에 그 예가 나와 있다.

> 여러 사람의 말이 우리에게 선을 보일 자 누구뇨 하오니 여호와여 주의 얼굴을 들어 우리에게 비추소서 주께서 내 마음에 두신 기쁨은 그들의 곡식과 새 포도주가 풍성할 때보다 더하니이다(시 4:6-7).

당시 "곡식과 새 포도주"는 부의 상징이었다. 곡식과 새 포도주가 풍성하다면 남부럽지 않은 삶을 살고 있다는 뜻이었다. 하지만 수천 년이 지난 지금, 흐느낌이 들리는 곳은 빈민가와 노숙자

쉼터만이 아니다. 부촌의 으리으리한 서재와 저 하늘의 전용기 안에서도 땅이 꺼지는 한숨 소리가 들린다. 보통 사람의 한 달 월급에 해당하는 속옷을 입고도 슬픔의 웅덩이에서 뒹구는 여인들이 많다.

물질을 통해 기쁨을 좇고 있는가? 미안하지만 참된 기쁨은 거기에 없다. 탑은 언젠가 무너지기 시작한다. 훨씬 더 높은 곳에서 '마음의 기쁨'이 내려오지 않으면 제아무리 막대한 부와 영향력을 얻어도 그때뿐이다.

다윗에 따르면 오직 하나님 앞에 설 때만이 충만한 기쁨을 맛볼 수 있다. "주의 오른쪽에는 영원한 즐거움이 있나이다"(시 16:11).

구약의 위인을 소개했으니 이번에는 똑같은 결론에 이른 신약의 위대한 인물 한 명을 소개하고 싶다. 그는 바로 신약의 절반이나 쓴 사도 바울이다.

바울은 도덕성과 품행, 종교적 헌신에서 둘째가라면 서러울 인물이었다. 그는 1세기 유대 사회에서 엘리트 중에 엘리트였다. "나는 팔일 만에 할례를 받고 이스라엘 족속이요 베냐민 지파요 히브리인 중의 히브리인이요 율법으로는 바리새인이요 열심으로는 교회를 박해하고 율법의 의로는 흠이 없는 자라"(빌 3:5-6).

정말 화려한 스펙이지 않은가.

하지만 막상 드높은 금자탑을 쌓고 나니 그것이 점점 자랑거리보다는 거시기 … 그러니까 … 배설물 덩어리로 보이기 시작했다. 변기통 속에 보이는 그 배설물 말이다. 우리의 모든 성과가 바로 이 배설물과 같단다.

바울은 우리의 모든 성과가 "내 주 그리스도 예수를 아는 지식"에 비하면 "해"요 "배설물"에 불과하다고 말했다(7-8절 참조).

착한 행실, 교회 출석, 성가대 활동. 이 모든 것은 그 자체로서가 아니라 예수님과 더 가까워지게 만들 때 비로소 가치가 있다. 심하게 들릴지 모르지만, 아무리 아름다운 것도 그 자체로는 별로 가치가 없다.

그런데도 수많은 사람이 그런 것을 좇고 있다. 그런 것이 진정한 기쁨을 안겨 주리라 철석같이 믿고 있다. 하지만 악하고 이기적인 것은 물론이고 아름다운 것조차도 우리를 참된 기쁨으로 인도하지 못한다. 그런 것을 좇는 삶은 오히려 기쁨을 앗아가는 고역일 뿐이다.

그런 식으로는 절대 참된 기쁨에 이르지 못한다.

무한한 기쁨은 오직 예수 그리스도에게서만 나온다.

도둑이 오는 것은 도둑질하고 죽이고 멸망시키려는 것뿐이요 내가 온 것은 양으로 생명을 얻게 하고 더 풍성히 얻게 하려는 것이라(요 10:10).

더 큰 즐거움, 더 큰 유익

그러나 우리 모두는 죄로 물들어 있다. 아무리 마음을 다잡아도 "오랜 순종"은 기껏해야 한두 주면 끝난다. 누구도 남에게 "한 방향으로" 꾸준히 가지 않는다고 욕할 처지가 못 된다. 우리 모두가 똑같다. 알코올 중독자 갱생회 안에서는 이런 우스갯소리(실상은 전혀 웃기지 않은 얘기)가 오간다고 한다. 모두가 안에서 중독과 사투를 벌이는 와중에 술은 밖에 있는 주차장에서 종일 팔굽혀펴기를 하며 더욱 힘을 키우고 있다는 것이다. 실제로 그렇지는 않겠지만 그만큼 중독을 끊기가 불가능한 것처럼 느껴진다는 말이다.

우리는 모든 죄를 고백하고 회개하기 위해 계속해서 몸부림을 친다. 죄의 공격을 막아 주고 따끔한 질책을 해 줄 지원군도 모은다. 하지만 그들도 각자 할 일이 태산이기 때문에 매 순간 우리를 지켜봐 줄 수는 없다. 그래서 성경 구절도 암송하는 식으로 다양하게 방어 전선을 구축한다. 좋은 생각 같지 않은가?

그런데 왜 우리의 방법은 항상 통하지 않는 걸까?

왜 지속되지 않는가? 아무리 전략을 짜고 지원군을 동원해도 또다시 실패하는 이유는 뭔가?

우리가 쾌락주의자이기 때문이다. 우리는 즐거움을 좇는 자들이다. 휴대폰이 끊임없이 신호를 찾듯 우리는 진정한 행복을 줄 수 있는 것을 찾고 있다. 그리고 유혹이란 본질적으로 기쁨을 원하는 인간 욕구를 자극하는 요인을 말한다. 이런 죄의 약속은 절대 지켜지지 않는 약속이지만 일단 귀에는 달콤하게 들린다.

게으름을 예로 들어 보자. 정신없이 바쁜 현대 사회 속에서 들려오는 신음 소리는 은퇴, 휴가, 편한 일자리, 놀 시간이 많았던 어린 시절을 갈망하는 소리다.

과연 그 갈망을 이루면 기쁨이 찾아올까?

이상하게도 게으른 사람들이야말로 세상에서 가장 지친 사람들이다. 그들만큼 불평과 불만에 시달리는 사람도 없다. 그것은 게으름의 약속이 실제로는 전혀 기쁨을 주지 못하는 거짓 약속이기 때문이다.

물론 쉼과 재충전의 시간은 꼭 필요하다. 심지어 쉼은 성경의 명령이기도 하다(십계명 중 네 번째 계명). 그것은 쉬어야 주님 안에서 균형 잡힌 삶을 살 수 있기 때문이다. 하지만 자신의 책임을 내팽개친 채 종일 친구들과 놀고 집에 와서도 소파에 누워 애국가가 나올 때까지 텔레비전을 보면 즐겁기는커녕 자괴감만 밀려온다.

이상하게 들릴지 모르지만 사실 조금은 피곤하게 사는 것이 하나님의 뜻이다. 시간과 정력이 남아도는 삶만큼 지루하고 답답한 삶도 없다. 잠언을 읽어 보라. 수고의 열매를 맛보는 기쁨은 단순한 요행의 기쁨에 비할 수 없다.

집과 가정, 교회를 비롯한 모든 영역에서 하나님의 영광을 위해 최선을 다했을 때 비로소 참된 기쁨이 찾아온다. 빈스 롬바르디가 했던 유명한 말이 기억나는가? "인간에게 최상의 순간, 가장 만족스러운 순간은 가치 있는 명분을 위해 온 힘을 쏟고 나서 지친 몸을 전장에 누이고 승리를 만끽하는 순간이다."[5]

그날 밤에는 정말 잠이 잘 올 것이다.

기분 좋은 노곤함.

일을 미룰 때보다 잘 마쳤을 때가 훨씬 더 기쁘다.

게으름이 내거는 즐거움의 약속은 거짓 약속이다. 정욕도 마찬가지다. 정욕도 영원한 기쁨을 약속한다. 기분이 새로워지고 영혼이 소생할 것만 같다. 하지만 과연 그런가? 아내나 남편 몰래 뜨거운 밤을 즐기고 나면 기분이 상쾌하던가? 외간 남자나 여자의 품에 안기고 나니 살맛이 나던가? 아내에게 들킬까 봐 주변을 살피면서 지나가는 여자에게 추파를 던지는 것이 그렇게 좋은가? 밤새 포르노 사이트를 돌아다니다가 잠들면 이튿날 아침에 힘이 솟던가?

그렇지 않다. 기분이 더럽고 수치스럽기만 할 뿐이다.

기쁠까? 정욕이 주는 쾌락은 기껏해야 15분에서 30분이 전부다. 그나마 그 짧은 시간에 맛보는 것도 진정한 기쁨은 아니다.

분노는 어떨까? 실컷 화를 내 보라. 마구 쏘아대 보라. 상대방이 찍소리도 못하고 당신 뜻대로 따라오게 만들어 보라. 그러고 나면 의기양양해질까? 부부싸움을 하다가 기어이 배우자에게 이기고 나면 기분이 좋을까?

글쎄다.

그렇게 난리를 쳐서 얻는 것은 깨진 관계뿐이다. 무분별하게 쏟아낸 분노의 여파는 고스란히 자신에게 돌아온다. 이겨도 이긴 게 아니다. 기쁨은 더더욱 아니다.

기쁨을 원하는가? 그렇다면 최선을 다해서 살아가라. 그러면 나중에 그런 충실한 삶을 통해 하나님이 해 주신 일을 돌아보며 기뻐하게 되리라. 기쁨을 원하는가? 그렇다면 다른 여자에게 한눈을 팔지 말고 평생 조강지처만을 바라보며 살라. 기쁨을 원하는가? 그렇다면 성령을 의지하라. 그러면 그분이 인생 속의 갈등과 다툼을 해결해 주실 뿐 아니라 당신의 내면에서 갈등을 일으키는 요인을 제거해 주실 것이다. 그분이 우리 인생을 수리해 주시면 우리 자신의 망치로 백 번 두드리는 것보다 훨씬 낫다.

하나님의 말씀을, 나쁜 것을 몰아내기 위한 무기로만 사용하지 말고 기쁨으로 가는 통로로도 사용하라. 하나님의 약속 안에는 세상 무엇과도 비교할 수 없는 기쁨이 있다. 정말로 기쁨을 찾고 싶다면 기쁨이 있는 유일한 곳을 뒤져야 한다. 그곳은 바로 성경 안이다. 성경 몇 구절을 예로 들어 보겠다.

너의 행사를 여호와께 맡기라 그리하면 네가 경영하는 것이 이루어지리라(잠 16:3).

마음이 청결한 자는 복이 있나니 그들이 하나님을 볼 것임이요(마 5:8).

여호와를 기뻐하라 그가 네 마음의 소원을 네게 이루어
주시리로다(시 37:4).

하나님이여, 주의 인자하심이 어찌 그리 보배로우신지
요 사람들이 주의 날개 그늘 아래에 피하나이다 그들이
주의 집에 있는 살진 것으로 풍족할 것이라 주께서 주의
복락의 강물을 마시게 하시리이다 진실로 생명의 원천
이 주께 있사오니 주의 빛 안에서 우리가 빛을 보리이다
(시 36:7-9).

기쁨을 원하는가? 그렇다면 "위의 것을 생각하고 땅의 것을
생각하지 말라 이는 너희가 죽었고 너희 생명이 그리스도와 함
께 하나님 안에 감추어졌음이라 우리 생명이신 그리스도께서 나
타나실 그때에 너희도 그와 함께 영광 중에 나타나리라"(골 3:2-4).
이것은 기쁨으로 악을 물리치는 것이다.
물론 성경 안에는 죄를 짓지 않도록 예방하는 구절도 많다.
예를 들어 성경은 외간 여자를 음탕하게 보지 않도록 자신의 눈
과 "약속"(욥 31:1)하고 "해가 지도록 분을 품지 말고"(엡 4:26) "많은
무리들이 모인 중에서 큰 악에"(잠 5:14) 빠지지 않도록 늘 지혜로
운 조언에 귀를 기울이라고 말한다. 이런 예방하는 구절이 필요
할까? 물론이다. 이런 구절은 인간 내면의 악에 관한 진실을 말해
준다. 이런 구절은 그리스도의 구속하는 긍휼이 아니면 우리가 얼

마나 연약한 존재인지를 일깨워 준다.

이런 현실 때문에 우리는 우리에게 해를 끼치고 고통을 안겨 주는 것들을 거부하기 위한 싸움을 멈추지 말아야 한다.

하지만 방패만 휘둘러서는 싸움을 이길 수 없고 승리를 유지할 수도 없다. 그래서는 기쁨을 느낄 수 없다. 그저 이를 악물고 참기만 할 뿐이다. 하기 싫어도 억지로 할 뿐이다.

그러나 기쁨 없이 할 필요가 전혀 없다.

죄를 짓지 않으려는 매일의 몸부림은 말 그대로 고통스러운 몸부림일 뿐이다. 하지만 예수 그리스도와의 동행에서 오는 순수하고도 온전한 기쁨을 한번 맛보고 나면 다시는 자신의 노력으로 돌아가지 않는다.

세상은 세상의 방식대로 기쁨을 좇게 놔두라.

반나체 여인이 단두대 옆에 서서 그 구멍에 머리를 넣으면 진정한 행복을 맛볼 수 있다고 속삭이고 있다. 세상은 이 여인을 믿게 놔두라. 돈을 좇게 놔두라. 새 차를 사게 놔두라. 사업적인 성공을 좇게 놔두라. 다들 헛된 약속을 좇다가 쓰러지게 놔두라.

평생 이 기쁨의 미끼를 필사적으로 좇다가 한스러운 생을 마감하는 희생자들이 "천 명"과 "만 명"을 헤아린다(시 91:7 참조). 그들이 훗날 자녀와 손자들에게 해 줄 이야기는 슬픔과 고통의 이야기뿐이다.

하지만 시편 91편 7절의 후반부에서 말하듯이 이 싸구려 기쁨은 우리에게 가까이 올 수 없다. 왜냐하면 우리는 예수님 안에서 하나뿐인 참된 기쁨을 찾았기 때문이다.

욕구의 방향을 돌리라

예수님은 밭에 숨겨진 보물을 발견한 사람에 관한 짧은 비유를 남기셨다(마 13:44 참조). 그 전까지 그가 무엇을 추구했는지에 대한 정보는 없다. 아무튼 밭에서 막대한 보물을 발견하자 그는 땅을 도로 덮은 뒤 즉시 전 재산을 팔아 밭을 통째로 샀다.

진정한 기쁨을 경험하기 위해.

보이지 않는 나라는 우리가 매일 살아가는 곳과 똑같은 공간을 차지하고 있다. 그 나라는 지하에 있고 하늘에 있다. 그 나라는 물리와 화학의 법칙을 거스른다. 우리는 복음의 진리와 약속을 통해 이 나라를 보았고 땅을 파서 이 나라를 꺼낼 도구도 받았다.

우리는 성령을 받았다. 이 성령은 우리의 죽은 마음을 깨우고 우리의 연약함을 통해 하나님 나라의 일을 이루신다. 이 얼마나 기쁜 일인가.

우리는 거룩한 말씀을 받았다. 이 말씀은 우리도 몰랐던 우리 자신의 모습을 드러내는 동시에 그 망가진 모습을 하나님의 무한한 사랑과 기쁨으로 감싸 준다.

우리는 하나님과의 직통 회선을 받았다. 복잡한 지휘 체계를 거칠 필요가 없다. 그분을 만나기 위해 6개월씩 기다릴 필요가 없다. 이제 우리는 원하는 즉시 그분과 소통할 수 있다. 이 또한 얼마나 기쁜 일인가.

우리는 은혜를 통해 이 나라에서 살고 있다. 그래서 이제 우리는 언제라도 아버지 하나님께로 나아가 그분을 경험하고 예배하고, 그 어떤 인간적인 성과나 물질로도 얻을 수 없는 기쁨의 삶을 누릴 수 있다.

에덴동산의 최대 비극이 창조주와의 친밀한 교제를 잃어버린 것이라면, 이 나라의 최대 기쁨은 잃어버렸던 이 친밀함을 회복한 것이다.

그런데 왜 자꾸 우리는 다른 기쁨을 추구하는가? 왜 자꾸 다른 구혼자에게 한눈을 파는가? 태초부터 기쁨이라면 사족을 못 썼던 우리가 왜 이 최고의 기쁨을 마다하는가?

C. S. 루이스는 다음과 같이 말했다.

> 우리는 무한한 기쁨을 제시받고도 겨우 술과 섹스, 야망에나 빠져 있는 어리석은 존재들이다. 마치 휴일에 해변에서 즐기는 만찬을 상상하지 못해 빈민가에서 진흙 파이나 만들면서 즐거워하는 무지한 아이와도 같다. 우리는 너무도 쉽게 만족한다.[6]

더는 그러지 말자. 하나님이 우리를 위해 예비하신 나라 안에서 우리에게 보물을 보여 주셨다. 이 보물 상자를 발견하자마자 곧장 집으로 달려가 방과 벽장, 창고에 있는 불필요한 것을 전부

팔아 그것을 사자.

죄와 이기주의를 낳는 쾌락주의적인 욕구를 무조건 억누를 필요가 없다. 그 욕구를 진정한 기쁨이 있는 방향으로 돌리기만 하면 된다.

한번 그 기쁨을 맛보고 나면 영원히 맛보고 싶어진다.

진짜 신앙

자, 이것이 진짜 복음이다.

이 복음은 에덴동산의 영광과 자유, 온전함 속에서 시작되었다. 처음에 우리는 창조주와 완벽한 연합을 이루고 있었다. 그러다가 인간의 서식지에 죄가 교묘하게 침입하면서 그 연합이 깨지고 말았다.

죄는 우리를 망가뜨렸다. 스스로는 절대 회복하지 못할 정도로 심하게. 그 어떤 사다리로도 원래 상태로 올라갈 수 없었다. 아니, 사다리를 기댈 담조차 없어졌다. 완전한 상실, 완전한 무기력, 확실한 죽음.

하지만… 창조주는 피조 세계를 버리지 않으셨다. 우리는 자신의 무능력을 인정하지 않고 그분의 도움 없이 스스로 문제를 해결하겠다고 고집을 부렸지만 하나님은 어리석은 우리를 끝까지 버리지 않고 친히 찾아오셨다. 그분은 흠 없이 거룩한 아들의 희생제물을 통해 타락한 인간들을 구속해 주셨다.

우리의 더러운 죄에 대해서는 칭의의 선물을 주셨다.

우리의 지독한 수치에 대해서는 입양의 선물을 주셨다.

우리를 용서하고 무죄를 선언하셨다.

그리고 우리를 그분의 자녀로 삼아 주셨다.

따라서 이제 두려워할 필요가 없다. 걱정할 필요도 없다.

성령이 우리 삶 속에 들어오심으로 이 놀라운 선물 꾸러미가 완성되었다. 이제 우리는 그분의 내주하시는 능력을 통해 여전히 반역을 꿈꾸는 악한 욕구와 욕망을 성화시킬 수 있다. 점점 구주 예수 그리스도를 닮아갈 수 있다.

하나님과의 단절은 끝이 났다.

영원히.

우리는 그분의 백성이다.

우리는 구원을 받았다.

하지만 하나님은 우리 마음속에 여전히 남아 있는 저항의 불씨를 계속해서 끄는 한편, 우리에게 인류 타락과 우리 자신의 고의적인 죄로 망가진 관계의 회복을 위해 먼저 손을 내밀라고 말씀하신다. 우리가 하나님과 확실히 재결합했다는 것은 그분께 이미 인정을 받았기 때문에 다른 이들의 태도와 상관없이 그들에게 다가가 그들의 삶 속에 그리스도의 용서와 평화를 쏟아낼 수 있다는 뜻이다.

물론 우리는 매일 아침 망가진 세상에서 눈을 뜬다. 여전히 우리에게서 타락의 박편이 떨어져 나가고 있다. 하지만 우리는 그리스도 안에서 모든 기쁨을 초월하는 최고의 기쁨을 찾았고, 그분의 무한한 은혜를 통해 그분의 얼굴을 볼 날까지 인내할 수 있다.

우리가 완전히 변할 그날까지.

할렐루야!

이 약속 덕분에 우리는 자아와 안전, 헛된 명성에 대한 인류의 집착에서 해방되었다. 아침마다 우리는 오직 주님께 영광을 돌리겠다는 일념으로 눈을 뜰 수 있다. 구속을 위한 헛된 시도로 본 궤도에서 이탈하지 않고, 죄책감과 수치심, 두려움과 근심에 시달리지 않고, 매일을 예배의 기회로 삼을 수 있다. 무미건조하게 살지 않고 매사에, 심지어 힘든 순간에도 하나님이 이미 해 주신 일과 계속해서 우리에게 가르치고 계신 노래에 감사하며 살아갈 수 있다.

그런 의미에서 예수님은 우리를 "세상의 빛 … 산 위에 있는 동네"(마 5:14)로 부르셨다. 복음을 제대로 이해하지 못한 사람만이 그분의 영광을 자기 안에 "숨겨" 놓는다. 그런 사람만이 자기 안에서 타오르는 하나님 임재의 불을 "말 아래에"(15절) 둔다. 우리의 힘과 의지만으로는 기껏해야 잠재력의 일부만을 발휘할 수 있다. 하지만 전능하신 하나님의 구속하시는 역사로 인해 그리스도의 부활의 능력이 우리를 통해 강력하게 나타날 수 있다. 이 엄청난 기회를 마다하는 사람은 천하의 바보다.

구속을 받은 뒤에도 계속해서 회복하지 않으면 다음과 같은 여러 가지 기능 장애가 나타날 수 있다.

영적 빈혈. 말씀과 예배, 성도의 교제를 통해 꾸준히 영양분을 공급받지 않으면 다른 이들의 삶에 충분한 지혜와 긍휼, 섬김을 쏟아낼 수 없다.

영적 과식. 말씀을 듣고 주님의 임재로 충만해지기 위해 여러 곳을 다니지만 받은 것을 소화시키지 못한다. 그것을 제대로 맛보지 못한다. 다시 말해, 실제로 변화되지 않는다. 교회를 나가

편안한 환경으로 돌아오면 받은 은혜를 다 까먹고 다시 세상적인 것에 흠뻑 취한다.

영적 비만. 영적 식탁으로 달려가 기독교 음식을 마구 섭취하지만 그것을 근육과 육체적 활동으로 전환시키지 못해 점점 변비가 심해진다. 그것은 얼굴이 새빨개지고 눈알이 튀어나올 때까지 풍선을 불다가 결국 풍선을 터뜨리고 마는 것과도 같다.

이런 증상을 겪어 본 사람이라면 이런 일이 충분히 가능하다는 것을 잘 알 것이다. 그리고 그 기분이 얼마나 나쁜지도 잘 알 것이다.

그러니 이 기능 장애를 떨쳐내고 부활하신 주님과 함께 사명 속으로 뛰어들라. 사명이라고 해서 꼭 아프리카나 몽골로 가라는 뜻은 아니다. 골방에 갇혀 기도만 하라는 뜻도 아니다. 사회의 열악한 변방에서 안전한 거리를 두고 살아왔다면 이제 복음의 능력을 믿고서 주님이 어디로 이끄시든 기꺼이 가길 바란다. 하나님은 그분의 영원한 목적을 이루기 위해 당신을 도구로 사용하실 수 있다. 그러니 당신의 힘이 아니라 당신 안에 계신 하나님의 능력을 믿고서 과감히 세상 속으로 들어가라.

한 가지 분명히 말하고 싶은 점이 있다. 크리스천들도 세상 사람들과 똑같이 흠 많은 존재들이다. 다만 하나님의 은혜로 세상 사람들과 다를 뿐이다. 따라서 머릿속에 일말의 우월감이라도 품고 있다면 그것은 복음에서 나온 것이 아니라 당신 자신에게서 비롯한 것이다.

세상의 때가 묻을까 봐 사방에 담을 쌓고 살아왔는가? 그래 봐야 당신은 당신이 밀어내고 있는 자들과 전혀 다를 바 없는 괴물이다. 물론 이 부분에서 지혜를 발휘할 필요성은 있다. 특히, 어린 자녀에 대해서는 조심해야 한다. 그들이 아직 감당할 준비가 되지 않은 환경 속으로 들어가는 것을 방치해서는 안 된다. 하지만 우리가 죄의 바이러스에 감염될까 무서워 사람들의 고통을 보지 못한다면 참으로 슬픈 일이다. 아울러 우리는 자신이 그들만큼이나 병든 존재라는 사실, 최소한 병든 존재였다는 사실을 알아야만 한다. 하나님의 은혜가 아니었다면 우리는 지금도 여전히 병든 존재일 것이다.

마음의 앞문과 뒷문을 항상 열어 두라

구속의 회복이란 지금 당장 대문, 무엇보다도 마음의 앞문과 뒷문을 열어젖혀야 한다는 뜻이다. 우리의 문은 항상 열려 있어야 한다.

이웃들이 단순히 주일마다 우리 집 앞에서 차가 없어지는 것보다 더 큰 변화를 감지해야만 한다. 그들이 예전의 망나니에서 몰라보게 달라진 우리의 모습을 보고 어리둥절해야만 한다. 일터에서도 우리는 궁극적으로 우리에게 월급을 주시는 분의 성품을 따라 사랑과 관심, 정직, 신의, 근면의 모습을 보여야 한다.

개인적인 친절도 좋지만 우리의 변화가 단순히 격려의 편지,

생일 선물, 도움의 손길 등으로만 나타나서는 안 된다. 지독한 무기력과 절망, 영적 빈곤에서 구원을 받은 자들로서 우리는 주변 사람들을 넘어 무시와 소외가 판을 치는 세상을 향해 문을 활짝 열어야 한다.

정확히 어떻게 해야 하는지 알려 주는 지침서는 없다. 우리에게 주어진 것은 오직 성경의 명령뿐이다. "그러므로 너희는 가서 모든 민족을 제자로 삼아 아버지와 아들과 성령의 이름으로 세례를 베풀고 내가 너희에게 분부한 모든 것을 가르쳐 지키게 하라"(마 28:19-20). 신실하신 하나님이 당신만의 방식으로 복음의 빛을 밝힐 수 있는 곳으로 당신을 인도하실 것이다.

단, 뭔가를 해내려고 애쓰지 마라. 당신이 뭔가를 해내야 하나님이 자랑스러워하실 거라는 생각은 오산이다. 결과물을 내놓거나 남들에게 능력을 증명해 보여야 한다는 생각은 버리라. 명함을 만들 수 있게 꼭 정식 사역 단체에 들어가야 한다는 생각도 버리라. 죄책감이나 부담감으로 이 일에 뛰어든다면 우리(매트와 마이클)의 말을 오해한 것이다.

복음에서 발로한 예배는 오직 복음의 능력으로 사역과 사명을 감당하게 만든다. 복음 중심적인 사람, 복음 충만한 사람은 받은 모든 것에 감사해서 하나님이 주시는 일에 기쁨으로 순종한다. 이미 받은 것을 얻으려고 헛수고를 하지 않고 그저 하나님의 은혜로운 공급하심 속에서 자유롭게 사는 것이 바로 그분께 영광이 되는 삶이다.

우리는 일주일에 50-60시간의 잠자는 시간을 제외한 나머지 시간을 모두 복음 중심적으로 살아가야 한다.

가정에 충실하게 살아가라.

다른 신자들과 교제하라.

아이들과 신나게 뛰어놀라.

일을, 매일 드리는 감사의 예물로 보라.

귀찮아도 발길을 멈추고 사람들의 말에 귀를 기울이라.

일용할 양식을 주신 하나님께 감사하라.

틈나는 대로 기도하라.

모든 복에 대해 하나님께 감사하라.

이 복에 대해서도.

저 복에 대해서도.

하나님을 사랑하라.

그리고 그분의 사랑을 누리라.

세상에 빛을 비추라.

어둠을 밀어내라.

구속을 받지만 말고.

구속받은 자답게 살라.

변화되라!

주

1. 이어지는 내용은 "경건한 슬픔"을 통찰력 있게 다룬 17세기 청교도 토머스 왓슨의 *The Doctrine of Repentance*(회개의 교리)에서 차용했다. 그의 허락을 받고 싶지만 받을 수가 없어 안타깝다. 하지만 1600년대에 쓴 자신의 소책자가 오늘날 웹에 떠다니고 있다는 사실을 알면 그가 무척 기뻐하지 않을까 싶다. 꼭 한번 찾아서 읽어 보라. 꽤 유익한 독서가 될 것이다.

2. 폴 트립이 쓴 《치유와 회복의 동반자》(*Instruments in the Redeemer's Hands*, 디모데 역간)를 보면 에스겔 14장의 이 개념에 관한 자세한 설명을 들을 수 있다.

3. 이번 장에서 소개한 개념 중 일부는 켄 산데의 책 《화평하게 하는 자》(*The Peacemaker*, 피스메이커 역간)에서 차용한 것이다. 이 책을 꼭 구해서 읽어 보기를 강권한다.

4. 파스칼의 《팡세》(*Pensées*)에서 인용. http://www.ccel.org/ccel/pascal/pensees.pdf를 보라.

5. "What It Takes to Be Number One", http://www.vincelombardi.com/number-one.html.

6. C. S. 루이스, 《영광의 무게》(*The weight of Glory*, 홍성사 역간).